阿姜查的禪修世界

Food for the Heart: The Collected Teachings of Ajahn Chah

【第一部】

戒

作者：阿姜查（Ajahn Chah）　中文譯者：賴隆彥

英文編譯‧導論：阿瑪洛比丘（Amaro Bhikkhu）

畫作：綠靜──修行中的阿姜查／奚淞

目次

【推薦序】這本書將改變你的生命

　　我不太曉得如何介紹這位我所見過最有智慧的人才好。只要有他在的地方，就有機鋒與活力、率真與實話、莊嚴與親密，以及幽默與嚴肅的戒律、動人的悲心與自然的解脫。阿姜阿瑪洛 (Ajahn Amaro) 對本書精彩的導讀，將他描寫得很傳神。

　　多數阿姜查的教導，是藉由舉例、譬喻與活潑的對話所作的即時開示。他的教導直接而誠懇，沒有任何保留。「觀察人世間的苦因，它就像這樣。」他會如此說，而將我們的心導向實相。因為他是個擁有十八般武藝的巧師，他與每位訪客都坦誠相見，對眼前的處境皆保持幽默與直觀，因此，很難完全用語言捕捉他教學的活力。所幸他的遺產還包括近兩百座寺院、許多活生生的優秀傳法弟子、數百卷泰語錄音帶，以及數百萬個被其智慧感動的人。

　　在這些篇章中，你將發現阿姜查的另外一面，有條不紊與略微嚴肅的一面，它們的場合主要是針對比丘、比丘尼與訪客團體所舉行比較有系統的長篇開示。在這些教導中，他邀請我們所有人省察教法的本質，思惟它們，並將之謹記在心。在這本書中，他不厭其煩地提醒我們，無論我們是誰，生命的狀態都

是不確定的：「如果死亡在你裡面，那麼你可以逃到哪裡去呢？無論是否害怕，你都一樣會死；死亡是無法逃避的。」以這個事實為基礎，他舉出超越生死輪迴的解脫之道。「這是重點：你應該持續思惟，直到放下為止。那裡一無所有，超越善惡、來去與生滅。訓練這顆心，安住於無為法中，」他宣稱，「解脫是可能的。」

那些會遵循這位親愛導師教導的人，都一定願意探索他們自己的心，把結鬆開，放下執著、恐懼與我見。「如果你真的了解，則無論你過的是哪種生活，你時時刻刻都可以修行。為何不試試看呢？」阿姜查建議，「它將改變你的生命！」

願阿姜查所傳達慈悲佛陀的祝福，能充實你的心靈，並利益十方一切眾生。

獻上我誠摯的敬意。

傑克・康菲爾德

於心靈磐石中心
加州・伍德克，2002年

【推薦序】與證悟者的生命相遇

　　世界上的佛法書有兩種，一種是為了滿足讀者的理性追求而寫成的，例如圖書館裡滿櫃子能增長佛法知識的書；另一種則是讓我們在書中探險，而在路途中與另外一個生命的相遇，就如《阿姜查的禪修世界》這套書。

全心融入
貼近阿姜查的心靈世界

　　這套書不是阿姜查特別為告訴讀者什麼刻意所寫的，而是一群泰國比丘、農民、官員、西方嬉皮、教授等，在面臨生命困頓，企圖從佛法尋求答案時，與這位慈悲長者的心靈對話。

　　對本書的讀者而言，如何在這些隨機的對話中，找到屬於自己的啟示呢？我想很關鍵的一點是，千萬不要用第三者的旁觀心情，以喝茶讀小說的態度「在一旁」輕鬆閱讀；而是要將自己全心融入，才能真正嘗到阿姜查以畢生經驗，順手捻來的簡單話語裡所蘊含的無窮滋味。如果你可以試著貼近阿姜查，順著他所說的個人經驗，去觀察自己，在自身上運作，你就會在書中與這位證悟者的偉大心靈相遇。

阿姜查的修行方法
來自森林的體驗

在今天這個資訊取得非常容易的時代，學習佛法的方式很多，而阿姜查為何偏偏選擇森林苦修這古老的頭陀行呢？在原始森林中，人類無法享有現代文明所提供的安全與憑障，更沒有社會與物質的支持。生活在其中，人類不再是唯一的主控者與活存者，他必須學習與森林中的其他生命和平共存，赤裸裸地獨自面對動物的威脅、疾病的侵襲，以及巨大的死亡恐懼。這是一般人想也不敢想的修行方式，但卻能打開了心靈的無限可能。讓我用我的一位朋友的經驗，來說明在原始森林中，心靈是如何被開發的微妙過程。

我的這位朋友是個女企業家，在矽谷擁有百萬美金的股票，卻為了治病而走進森林禪修。剛開始，她的老師讓她待在一個非常簡陋但尚有人煙的禪堂禪修，但是她仍被死亡的陰影所籠罩，於是，老師就教她往森林更深處去禪修。當她走進森林裡的小木屋，發現滿地都是螞蟻爬上爬下，蜈蚣竄來竄去，蜘蛛還會從天花板垂墜下來。她感到很可怕，根本就無法靜下來打坐，滿腦子想的都是怎樣把地打掃乾淨，或怎樣把從蟲子趕走……就如所有自許為文明人會有的慣性反應一樣：這是我的地

戒

盤，非我族類都給我滾。表面上，這只是對舒適環境的基本需要，但更深一層來看，其實是現代人很習慣的一套自我中心的運作。

這位企業家朋友的轉變，來自一位她認為很不認真的禪修者所給的震撼教育——她竟然可以花三、四個小時，只為了將一隻掉到坑裡的青蛙救起來。更讓她印象深刻的是，等那隻青蛙爬出坑後，這位森林行者還不停的柔聲細語地安撫那隻青蛙，就好像在對一個飽受驚嚇的小孩說：「不要害怕、沒事了」……。她被這個舉動給深深震撼了。

於是，她花了七、八個小時，把螞蟻放在紙上一張一張把牠們請走，並告訴螞蟻：「我在這兒修行，請你們不要傷害我。」逐漸地，她的心開始感覺到她與這些大自然裡的大小生命不再是互不相干的。接著，她和周遭環境的關係就有了奇妙的轉變，她似乎覺得牠們是來守護她的。這種密切的連結感，竟使她快速地突破原來禪修的進程。禪修到後來，她聽到屋頂傳來輕悅的笑聲；兩天後的清晨，竟發現屋子四周開滿了不屬於那個季節的花。

許多選擇森林修行的人都有類似這樣的歷程：從害怕被外來力量侵害的自我中心（恐懼死亡），轉化到領悟自己與其他生

命息息相關，終至體會生命與生命之間，應該是開放、給予、相容與平等的。

對阿姜查來說，在艱困的森林苦行裡，支持他不放棄的也是對死亡的擁抱、坦然以及真實地面對。阿姜查的偉大，不在於他是一代大禪師，而在於他讓我們知道他和我們每一個人一樣都怕死，只是他讓死能夠進入到真實的擁抱歷程裡，因此能夠有多一分的堅持與超越。

十年的 重病與超越

在經過四、五十年的禪修後，阿姜查晚年生了重病，一病十年，到最後幾乎沒有辦法開口講話，只能用手指比劃，可是他仍照樣教導別人禪修。肉體上的劇痛中，並沒有阻礙他繼續與眾人分享佛法。

一般人在學佛時難免會有一種期待：希望藉由學佛可以免於橫逆而永處順境，可是我們遲早會發現，這種期盼並不是一個必然。學佛並不能保證我們一輩子都在順境中，學佛只是讓我們能夠身在痛苦裡，心卻不被痛苦所掌控；透由單純地接受自身的感受和情緒世界，學會面對這些逆境，並觀察我們怎麼面

對它。

　　我們隨便翻閱這套書的任何一章，不難發現他經常掛在嘴邊的提醒：修行就在我們這個身體。修行不在於我們讀了什麼書，也不在於我們記得了什麼道理，而在於我們能夠觀察。我們的眼、耳，鼻、舌、身是如何為外界所引動，我們的心又是如何因這些引動而起了喜惡的反應，阿姜查要我們去仔細觀察這一連串的變化是如何運作的。

　　他所道出的這個單純的原則：往內去觀察我們自己，並不是阿姜查的發明，而是佛陀的方法，也是歷代禪修者共同秉持的方法。佛教和其他靈修傳統不一樣之處，就在於觀察此時此刻、觀察自己的身心，那麼，到底要怎麼樣去觀察呢？

以生病的
身體為老師

　　在南傳巴利經典《相應部》裡記載：有一天，佛陀去探望一位生病的比丘，佛陀就問他說可以忍受嗎？可以忍受病痛而愁煩不再增加嗎？比丘剛開始說不行，覺得身體很痛、心裡很煩，還是很難過。佛陀就對他說，要用自己的心去觀察自己和這不舒服的境界的關係，觀察痛是如何產生、增加的程度如

何，痛是如何在身體裡移動，細微的觀察所有的變化，如此忍受力就會增強。

身體不會帶給我們快樂，因為肉身會生病、會老化，也會死亡。因此，我們能做的只是培養我們的心，不讓它受外在的變化所遮蔽，錯把五蘊的感受當成是主宰，其實那只是短暫的現象，可是我們大多沒有這層的觀察，很容易就被感受的假相所主宰。

生病的時候，讓生病的身體成為我們的老師，就可以引導我們邁入新的道路──讓心引領我們。我們可以決定在那時候只做一個好的病人，好好休息，不要再忙著讓我們的心去映照外在世界，而是讓心映照出我們自己。阿姜查的一生就是告訴我們──照顧我們的心。雖然有很多痛苦在我們的身體發生，在我們的周遭發生，但是我們可以有一條新的路，就是照顧我們的心，讓心不會因為身體的舒服與否，就跟著起舞。

阿姜查的教導重點，就是要我們學習觀察自己的心。每個人的心就是一個舞台，台上的舞者自己決定了舞蹈的演出；心，也像一面反射鏡，整個世界都是我們心的投射，是我們決定了自己所感受的這個世界，而不是世界真的以我們所認為的面貌存在。

戒

修行的道場
就是我們的身心

　　阿姜查不斷地重複強調：修行的道場就是我們的身心，在我們的六根裡、在我們接觸外境中去觀照。我們必須在眼、耳、鼻、舌、身接觸外境的當下，去仔細覺察，心如何被這些外境對象引發出不同的反應，而這些反應又如何構成我們一連串的行為，以及一連串的喜惡分別的制約反應。

　　阿姜查以非常淺顯活潑的比喻，讓我們知道如何在這個修行道場裡用功，如何在這過程中找到內心的光明、清淨與喜悅。他的方法歸納起來，就是戒、定、慧三學。這三個步驟好像是一個連續、互相關聯的過程。從觀察我們自己的內心做為始點和核心，來指導我們如何去觀察自己的內心世界，並從這兒超越和放下、不執著。

慧——
修行的開始

　　阿姜查認為戒、定、慧三者的核心在於智慧：他不是指開悟這個層次的智慧，而是指我們在面對人世這實存的經驗裡面，能夠去辨識什麼會導致痛苦，什麼會導致快樂的因果關係的智

慧。除非我們能如實的去觀察所有的因果相互的變化，我們不會發現自心是如何的被蒙蔽，又如何的自我欺騙。

但為什麼人們不想要脫離苦，原因在於我們根本就不想看苦。因為我們不想看苦，所以不能認知苦，當然就不想脫離苦了。阿姜查用了一個比喻：一個人在袋子裡面抓摸，但是他不曉得袋子裡是魚還是蛇，他不知道、也不想看清楚袋裡的東西，如果他看到袋裡蛇的模樣，一定會把手放掉，但他沒看見也不想看，才會把手伸進袋裡抓摸。我們的煩惱與痛苦也是一樣被放在遮蔽的袋子裡，如果我們不願意看，就會被煩惱之蛇所侵害。唯有擁有能夠辨識生活中苦之蛇的智慧，我們也才會產生動力，想要尋找到可以脫離苦的方法和機會，讓心獲得真正的平靜。因此，戒、定、慧三學須以慧為發動的開始。

戒——
修行者的保護衣

阿姜查認為，知道苦的因果循環是讓我們願意修持戒律的根本動力。而這些戒律的目的，並不是要控制或形塑我們，而是要讓我們保持醒覺，在保持覺察力的增長上去持守這個戒律。所以，犯戒是非關道德的懲罰，而是顯示自己的正念還不夠

強，才會犯戒。持戒，是幫我們在提升內心的專注力與智慧的開發上，建築一道保護牆。唯有對自我內在的有限性能有所覺察，我們才會意識到需要持戒，以保護自己的生活和世界。阿姜查認為這樣的了解就是智慧的發揮，而不在於以這樣的規則、規矩，來要求別人或環境，而是從這些規矩裡檢驗和提醒自己，如何讓自己的覺察力與正念能夠持續。

定——
培養專注平靜的心

追求內心的平靜，關鍵不在於要有很好的老師，也不在於一定要到特定的地方去，重要的是要懂得訓練自己的心。訓練我們的心能夠找到合適的修行的場所，也就是所謂的「業處」。

基本上，阿姜查所提出來的是南傳佛教一脈的方法，先從觀息開始，再從觀息到觀身，然後觀察五蘊，再到觀察五蘊的苦無常，進而產生厭離。他的觀息方法有個很大的特色，分為兩個階段，第一階段是先把整個息從鼻端進入到身體，到胸部、腹部，同時仔細觀察從吸進來到吐出去的每個歷程。等到這三個點讓我們注意力安定下來時，第二個階段就是把這三個點放下，然後單以氣息在鼻端或上嘴唇的出入做為觀察對象，之後

才把正念建立在鼻端呼吸的出入。在這過程最重要的關鍵就是放鬆,接著觀察三十二分身髮毛爪指甲等。這個南傳的觀身念處的方法,能夠破除我們習慣性地認為身體是「我」的、要保持健康、很害怕受到任何損害的執著,尤其能夠看清我們身體是四大組成,沒有一個「我」存在。

觀察身體的三十二分身有個好處,對修行過程中身體因修行而產生的疲勞、對天氣的熱或冷等,會有內在力量能夠忍受。這樣將有助我們在禪修過程中敢於挑戰自己,而讓自己的心力可以引導培養專注力。培養專注力的目的是讓心能夠平靜和安定,之後才有能力進一步觀察覺知的心。

戒、定、慧
相互關聯,互為因果

在這個觀心過程裡,我覺得最難的,就是它不斷重複提醒我們在觀照自己的心時,不管是什麼念頭、感受,都得直接面對它們,去看這些痛苦或快樂是怎麼生起的,更要去觀這些痛苦或快樂生起的根源是什麼。在觀的過程中,不管念頭是什麼,覺知的心若是清淨,就可以清楚覺察這些念頭所引起的感受與反應,念頭只是進來然後就離開,心卻不會被這些喜惡情緒帶

著跑。阿姜查以蜘蛛與蛛網來比喻：蜘蛛結好網以後，就在這個網的中心伺候著，當蟲子闖進來，就像煩惱進入，這時蜘蛛就離開網中心去抓這隻進來的蟲，然後又回到網的中心。

整個阿姜查的指導就在智慧，關鍵還是在於我們去覺知自己的心，對於所接觸的任何狀態不執著，可是也不逃避，而是去直接觀察。他又用一個很有趣的比喻，說痛苦煩惱都有它們的家，貪有它的家，煩惱、瞋惱也都有它們的家，你就是觀察它們，然後讓它慢慢回到它各自的家。他用這樣的比喻是要告訴我們，對待煩惱不是去討論應不應該有煩惱，而是能夠清清楚楚的看著煩惱來了，讓煩惱自己回家去，始終保持做「自己做主人」這般的清明。

我們的內心若有這樣的平穩力與覺照力，就是真的定力和智慧。由於定力和智慧的增強，也會進一步地支持與強化戒行。戒、定、慧是互相關聯互為因果的，絕不只是單一命題，或者只是階梯式的次第。戒、定、慧三者相輔相成的關係，在阿姜查這麼有修為的禪師的解說下，讓我們看出那是一個立體且互動的修行歷程。

持續精進
需要慧力

在第三部「慧」篇裡，阿姜查告訴我們如何持續地保持精進。禪師比較著重的幾個提醒中，第一個就是修行的場所是我們的內心，而非任何其他的事物。阿姜查提醒當時與他一起修學的禪修者：我們有一種習慣，認為要得到修行的成果要累積很多的經驗，或者要有很好的老師，這種消費心態，是與切入了解、觀察自己的心，進而能夠離苦是背道而馳的。

因為心的特性就是會去抓取對象，這種抓取是一種貪愛，有了貪愛，就會想進一步保持它、擁有它，於是就會對可能失去它、不能掌握它產生恐懼和焦慮。我們長期順應著心的這個特性活著，在它的慣性思惟下運作而不自覺。我們大部分的時候是活在焦慮、不安與矛盾裡，這是由於我們順著我們的心要去追尋什麼、去抓取什麼的習慣性導致，這不是法，那麼法的價值是什麼呢？法的價值就是在看到心是無常的，心所抓取的對象也是無常的，沒有一個是永恆不變的，如果有永恆不變的話，那是因為我們自己誇大性的期待，導致我們希望它永恆不變，阿姜查在幫助我們看到心的特質，期望我們不要被自己的想法所控制。

戒

覺察慣性
就可以滅苦

　　不要跟著想法走，但是我們該如何辨識不要跟自己的想法遊蕩呢？記得！當我們把自己所想絕對化時，就會被自己的想法控制。阿姜查舉了好幾個很實際的例子，如：有禪修者認為「放下」這個想法是老師教的，很重要，所以就什麼都放下，包括房子破了也要「放下」不管它。這就是把「放下」絕對化，而沒有在每一時刻觀察我的心與什麼樣的境界接觸，去觀察那個苦是如何生起，卻把「放下」當成了我唯一想要掌控和自我滿足的假相運作。

　　我們的心本性本來就是清淨的，只要不隨著慣性反應進入一個慣性的制約歷程，我們在當下就可以滅苦，在當下就不會隨著習慣反應而活，而是跟著法。

　　什麼是「法」呢？就是智者自覺，就是觀察我們的心是沒有任何人可以替代自己去做的，也沒有辦法從外在任何一個資源裡面去找到的；只有自己回過來觀我們的心，如何生起貪愛與憤怒。在此比較不一樣的倫理道德思惟是──只是很單純地觀察，讓這些心念能夠自己生起，自己息滅，但是要達到這樣的境界並不容易。這需要一顆十分安靜、平衡的心，才能觀察如

此快速的心理活動歷程。

「受」字訣──
切斷慣性反應

　　但是，初學者如何才能不跟著自己的習慣反應走呢？阿姜查甚至提出一個口訣──「受」。當快樂或煩惱的感受來了，卻一下子斷不了的時候，你就唸「受」。用這個來切斷我們習慣反應的糾纏歷程。第二就是去觀察內心戰場是如何展開，又是如何活動的，但是這個方法需要有一個非常穩定的心做為基礎，才能夠去看內心這個戰場，如果自己的修行不平衡時，有時候去看內在的戰場時，常會撐不住，這時就要靠平時累積的「定」力了。

　　阿姜查對於觀察自心的智慧與累積佛教知識的不同，也提出一個很重要的辨別──知識的累積事實上只是記憶的增加，並不是觀察。佛教對我們的心理活動有豐富的細微描述，知道這些描述只是記憶，並不是真的知道，唯有透過自己的觀察去體會到這些細微變化，才是真的有了智慧。就像看一個人從樹上掉下來，可以知道他撞斷幾根樹枝，但是若是自己從樹上跌下來，恐怕就除了感到很痛外，根本就觀察不到折了幾根樹枝。

戒

重要的是，我們能夠觀察自己所產生的痛苦與快樂，而且是持續不斷地觀察，這持續不斷地觀察以及自我的誠實面對是一種精進，這種精進與平常精進有什麼不同呢？關鍵在於這個精進在於「放下」——不執著我們任何的思考與感覺，只是單純地觀察自己身心世界的活動，而不執著那就是我的身心世界，甚至連想它就是這樣的概念都不要生起。

分享阿姜查
這位老友的心路歷程

當我們把修行變成一個熟悉的習慣時，心會比較平靜，身體的負荷也會比較低，接著就有餘力去觀察內心的種種想法是如何生滅，並能隨時提醒自己放下、不執著。最後，我們就可以讓自己的心像一個空房子，煩惱的客人來了，它也會走。這不是消極被動或棄械投降，而是清楚冷靜地讓煩惱的客人進來，然後離去。讓我們不住任何執著，只活在當下、活在覺知的觀照裡。

這是一個方向，有助於我們在面對自己的生活慣性時，可以從佛法裡得到脫離自我束縛的苦的可能歷程、做法和方向。就如他在書中不斷提醒我們，不管我們想修行或根本不想修行，

都還是要持續修行，這樣才有脫離苦的一天。

閱讀本書可以感受到阿姜查的坦承與慈悲，感覺到他毫不保留地把他的世界與修行的心路歷程整個敞開，希望藉由他的歷程與經驗，讓我們對「法」與修行有依循的方向，而且更願意更歡喜地持續地修行。

所以讀本書時，不妨用遇到一位關心我們心靈成長的老友一般的心情，聆聽他的經驗分享，並學習將他的指導落實到日常生活中實踐。

釋自鼐

（本文作者為華梵大學助理教授、香光尼眾佛學院講師）

【導論】滅苦之道

阿姜查
開示一景

　　夜幕逐漸低垂，森林響起無數蟋蟀與知了一波波奇異的叫聲，稀疏的星光在樹梢閃爍。在愈來愈昏暗的天色中，有片溫暖的燈光，發自一對煤油燈，照亮了高腳茅篷下的空間。燈光下，十幾個人聚集在一個矮小結實的比丘旁，他盤腿坐在藤椅上。空氣中瀰漫著祥和的氣氛，阿姜查正在開示。

　　這群人可說是形形色色：最靠近阿姜查（或「隆波」，Luang Por，尊貴的父親，是學生對他的暱稱）的是群比丘與沙彌，多數是泰國人與寮國人，但其中還夾雜著幾個白人——一個加拿大人、兩個美國人、一個年輕的澳大利亞人，以及一個英國人。在阿姜查前面，坐著一對衣著入時的中年夫婦——女的綁著頭巾並佩戴金飾，男的則衣著筆挺——他是遠道而來的國會議員；他們趁公務之便，前來致敬並供養寺院。

　　在他們後方不遠處，有群為數可觀的當地村民，散布在兩側。他們的襯衫與上衣都磨平了，瘦削四肢上的皮膚晒得黝黑

與發皺──像當地貧瘠的土地一樣乾枯。其中有些人是隆波兒時抓青蛙與爬樹的玩伴，在他出家之前，每年播種與雨季結束收割時，他們都會互相幫忙。靠近後方的一側，一位來自瑞士夫里堡 (Freibrug) 的教授，她和另一位同修會的朋友一起前來研究佛教；女眾分院的一位美國八戒女①陪她前來，擔任森林裡的嚮導與翻譯。

她們身旁坐著其他三、四位八戒女，是來自女眾分院的長老八戒女，她們藉此機會前來向阿姜請教一些女眾道場的事務，並請他到森林另一邊對女眾團體說法，距離他上次拜訪，已過了好幾天。她們在那裡已待了好幾個小時，因此在致敬後，便與來自女眾道場的其他訪客一起告辭──她們要趕在入夜前離開，時間已有些晚了。

靠近後方，在燈光盡頭處，坐著一個板著臉約三十幾歲的青年。他側著身體，顯得有些尷尬與彆扭。他是當地的流氓，瞧不起一切有關宗教的事物，不過卻勉強對隆波表達尊敬；可能是源於這比丘強硬的風格以及安忍的力量，以及他認為在所有宗教人士中，他是真正有內涵的──「但他可能是全省唯一值得禮敬的人。」

他憤怒與沮喪，得了心病。一週之前，跟著他一起混幫派且

出生入死的心愛兄弟，在幾天前染患瘧疾去世了。從那時起，他就感覺心如刀割，人生乏味。「若他是在打鬥時被刀砍死，我至少還能報仇——現在我能做什麼，找出叮他的蚊子並殺死牠嗎？」「為何不去看看隆波查呢？」一個朋友這麼對他說，因此他來了。

隆波在說明時爽朗地笑著，手上拿著一個玻璃杯闡述他的比喻。他已注意到陰暗角落裡那個彆扭的青年，於是他極力哄勸他到前面來，就好像是在釣一尾難纏與機警的魚；接下來，這流氓將頭埋在隆波的手裡，如嬰兒般哭泣；接著，他對於他的自大與執著感到好笑，了解到自己並非第一個或唯一一個失去兄弟的人，憤怒與哀傷的眼淚，於是轉變成寬心的眼淚。

這一切都發生在二十個陌生人的面前，不過氣氛卻顯得安全與值得信賴。雖然他們來自各行各業與世界各地，不過此時此地都是「同行法侶」(saha dhammika)，以佛教的術語來說，他們都是「老、病、死的兄弟姊妹」，所以同是一家人。

阿姜查的教導風格

這種場景，在阿姜查傳法的三十年中，上演了無數次。有些

具有遠見的人，經常會在這時帶著錄音機（並設法找到足夠的電池），才能捕捉到收集在本書中的一些談話。

讀者在閱讀書中長篇開示時也應知道，這種情況並不罕見，尤其是在這些非正式的談話中，無論教學的連貫性，或所針對的對象，都是高度自發與無法預測的。阿姜查在教導時，在許多方面都很像是樂團指揮：不只要領導和諧聲響的連貫性，且要注意在場人員的個性與心情；在心中融和他們的語言、感覺與問題，然後自然地做出反應。

對聚集在他身邊的群眾，前一刻他可能正在用剝芒果皮的對錯方式做比喻，下一刻則以同樣就事論事的親切態度，轉而描述究竟實相的本質。前一刻他可能板著臉孔冷淡對待驕傲自大者，下一刻則對於害羞者展現和藹與溫柔的態度。有時，他可能正與村裡來的老朋友談笑，一轉身，則盯著某名貪污的上校，懇切地告誡他解脫道上誠實的重要性。幾分鐘前他可能正在責罵某位穿著邋遢的比丘，接著，讓衣服從肩上滑下，露出圓滾滾的肚子。若碰到有人提出機巧的學術問題，想與他做高深的哲學對話以展現才智時，他們經常發現，隆波會將假牙取下，交給隨侍的比丘清洗。與他對話者，接著必須通過大師的測試，在清新的假牙裝回去之前，透過緊閉的大嘴唇回應他深

奧的問題。

這本合輯中的一些談話，即出現在這樣一種自然的場合，其他的談話，則是在比較正式的場合，如誦戒結束後，或僧俗二眾於朔望之日的集會，無論是前者或後者，阿姜查從未事先準備。本書中沒有任何字是說話前預設好的，他覺得這是個重要的原則，教師的職責是根據當時的需要而說法——「若非活在當下，那就不是法。」他這麼說。

有次，他邀請年輕的阿姜蘇美多（Ajahn Sumedho，他的首位西方弟子），對巴蓬寺的大眾談話。這是一次震撼教育，不只必須對幾百個已習慣阿姜查高水準機智與智慧的聽眾發表談話，還必須使用三、四年前才剛開始學習的泰語。阿姜蘇美多的內心充滿恐懼與想法，他曾讀過六道輪迴對應心理層次的關係（瞋恨對地獄，欲樂對天堂等），他判斷這會是個好主題，並已想好如何遣詞用字。在那個重要的夜晚，他自認為發表了一次漂亮的談話，隔天許多比丘都前來向他致意，稱讚他的談話。他覺得鬆了一口氣，且頗為自得。不久之後，在一個安靜的時刻，阿姜查向他示意，直盯著他瞧，然後溫和地對他說：「不要再那麼做了。」

這種教導風格並非阿姜查所獨有，而是泰國森林傳統廣泛採

用的方式。也許在此有必要先說明這傳承的特性與起源，那將更有助於我們了解阿姜查智慧生起的背景。

在森林覺悟的
森林傳統

　　森林禪修傳統可說在佛陀出生之前就已存在，在他之前的印度與喜馬拉雅山區，不乏有人為了追求精神解脫而離開城市與村莊，獨自到山區與森林曠野去。就跳脫世間的價值而言，這是項很有意義的舉動。森林是個野生自然的地方，在那裡只有罪犯、瘋子、賤民和離俗的宗教追尋者——那是個不受物質文明形式影響的地區，因此適合開發超越物質文明的心靈面。

　　當菩薩（即得道前的釋迦牟尼）於二十九歲離開宮廷時，他便進入森林接受當時瑜伽苦行的訓練。這是個大家耳熟能詳的故事，他因為不滿最初接受的教導而離開老師，去尋找自己的道路。他確實辦到了，在尼連禪河②畔的菩提樹下，位於現在印度比哈爾邦 (Bihar) 的菩提伽耶 (Bodh-Gaya)，發現了真理的準繩，他稱之為「中道」。

　　佛陀經常被描寫成是在森林誕生，在森林覺悟，一輩子都在森林中生活與講學。若可以選擇，森林是他最優先挑選的生活

戒

環境，因為他說：「如來樂住於隱處。」現在大家熟知的泰國森林傳統，遵循的是佛陀所鼓吹的精神生活，且依據佛陀時代的標準修行。它是佛教的南傳支派，經常被稱為「上座部」(Theravāda)。

上座部的傳承

就簡略的歷史記載來看，佛陀去世後不久，便有一次大型的長老集會，目的是結集教法與戒律，使用的標準語言形式被稱為巴利語 (Pālibhasa)──「經典語言」。百年之後，這些結集的教法便成為巴利藏經的核心，是後來佛教各派的共同基礎。一百多年後，他們又舉行第二次結集，再次檢視一切教法，試圖調和各方意見。不過，結果是造成僧伽的第一次重大分裂。多數僧伽希望改變其中一些規則，包括允許出家人使用金錢。

少數團體對於這些可能的改變抱持謹慎的態度，他們寧可這麼想：「嗯！不管它是否有意義，我們希望按照佛陀與他原始弟子們的方式去做。」那些小團體據悉是由長老（巴利語 thera，梵文sthavira）們所組成。又過了大約一百三十年後，他們逐漸形成「上座部」(Theravāda)，其字面上的意思是「長

老們的說法」，那已成為他們一貫的宗旨。這傳統的特質可以如此形容：「無論好與壞，那都是佛陀制定的方式，因此，那也是我們要做的方式。」它一直擁有這種特殊的保守特質。

如同一切宗教傳統與社會團體，一段時間後，佛教出現許多派別。據傳在佛陀滅後兩百五十年，在印度阿育王的統治時期，對於佛陀教義持有不同見解的教派與傳承，總共有十八個，也許還更多。在斯里蘭卡也建立了一個傳承，由於地處偏遠，恰好避開印度的文化動亂，那是婆羅門教的復興運動，以及從西方到東方的宗教衝擊，這些全都造成了佛教思想新形式的崛起。這傳承以它自己的方式發展，較少外來的輸入與刺激，它發展出自己對巴利經典的注解與詮釋，重點不在於發展新觀點以面對其他信仰的挑戰，而是增加對巴利經典細節的探討。有些以譬喻為主，是為了吸引一般社會大眾的心；有些則較哲理化與形上化，訴求的對象是學者。

上座部佛教就如此走出自己的風格，儘管印度次大陸上有戰爭、飢荒與其他文化動亂，上座部還是保留原貌至今，主要是因為它最初是在一個比其他地方都更安全的避風港——斯里蘭卡島上建立的。雖然其他佛教部派也在此弘傳，不過，上座部佛教始終是該島的主要宗教。

戒

這傳承最後傳播到南亞地區，傳教士在不同時期從斯里蘭卡與印度出發，到達泰國、柬埔寨、寮國，後來再從這些地方傳入西方。上座部在這些地區傳播時，仍維持以巴利藏經為信仰主軸的傳統。當它在新國家建立時，始終對原始教法保持強烈的尊重與敬意，並尊重佛陀與原始僧伽——最早的林住比丘們的生活型態，這模式就如此被代代傳承下來。

森林傳統的衰退與復興

顯然地，千百年來政治情勢起起伏伏，不過這傳統始終維持不墜。當斯里蘭卡的宗教出現危機時，一些泰國比丘就前來扶持；而當它在泰國衰退時，一些來自緬甸的比丘則前來挽救——數百年來，他們都一直相互扶持。因此這傳承才能持續流傳，且仍保有大部分的原始面貌。

除了衰退以外，這些循環的另一個層面是關於成功的問題。經常，當宗教順利發展時，寺院會變富有，整個系統接著會虛胖與腐化，然後被它自己的重量壓垮。此時，就會有個小團體說：「讓我們重新回到根本上！」他們出離世間，進入森林，恢復遵守律法的原始標準，修習禪定，並研究原始教法。

注意這個循環很重要：進步、過度膨脹、腐化、改革，這過程在其他佛教國家的歷史上也發生過很多次。諸如西藏的巴楚 (Patrul) 仁波切，以及中國的虛雲老和尚（兩者都出現在十九世紀末、二十世紀初），觀察這兩位傑出人物的生活與修行，完全符合森林傳統的精神。這兩位大師選擇過最簡單的生活，且嚴格持戒，都是擁有高深禪定與智慧的老師。他們極力避免階級與俗務的牽絆，透過智慧與戒德的純粹力量，發揮深遠的影響力。這也是泰國偉大森林阿姜們典型的生活型態。

十九世紀中期以前，泰國佛教有各式各樣的地方傳統與修行，但精神生活則普遍墮落，不只戒律鬆弛，教法也混雜密咒與萬物有靈論的痕跡，且幾乎不再有人修定。除此之外，也許最重要的是，學者所持的正統意見（不只是懶散、無知或困惑的比丘），皆認為在此時代不可能證悟涅槃，事實上，甚至連入定也不可能。

這是振興森林傳統者拒絕接受的事，也是導致他們被當時大長老僧伽會③視為異議者與麻煩製造者的原因，其中許多人（包括阿姜查），受到他們自己上座部傳統內多數研經比丘們的鄙視，因為森林比丘們主張：「你無法從書本中得到智慧」。

關於這點有必要多加闡述，否則讀者或許會質疑，為何阿姜

查在某種程度上反對研究——特別是上座部被認為是最尊敬佛語者。這對泰國森林僧的描述是個關鍵：決定將焦點放在生活風格與個人體驗上，而反對書本（特別是注釋書）。有人可能會覺得，這種想法過於放肆或自大，或可能是不學無術者的嫉妒表現，除非他了解到，學者的詮釋正在將佛教帶入黑洞中。總之，那是種有助於心靈改革的情況，正是這種肥沃的土壤，促成森林傳統的復興。

阿姜曼
影響了森林傳統

若沒有一位特殊大師的影響，泰國森林傳統不可能存在於今日。他就是阿姜曼·布利達陀 (Ajahn Mun Bhuridatta)，一八七〇年生於泰國緊臨寮國與柬埔寨的烏汶省 (Ubon Province)。從當時到現在，那裡都是不毛之地，不過也正是這塊土地的艱苦與人民的和善性格，成就了世間稀有的心靈深度。

阿姜曼年輕時擁有活潑的心智，他在即興歌謠（泰文mor lam）的民俗藝術方面表現優異，並熱衷於心靈修行。在成為比丘之後，前往追隨一位稀有的當地森林比丘阿姜紹 (Ajahn Sao)，向他學習禪定，並了解到嚴持戒律對於心靈進步非常重

要。他成為阿姜紹的弟子,積極投入修行。

這兩個元素(即禪定與嚴格的戒律),雖然從現在有利的位置來看可能並不起眼,然而,當時戒律在整個地區已變得非常鬆弛,而禪定更是受到很大的懷疑——可能只有對黑暗藝術有興趣的人,才會笨到去接近它,它被認為會讓人發瘋或使心靈著魔。

阿姜曼適時且成功地對許多人解釋與證明禪定的功效,並成為僧團更高行為標準的典範。此外,雖然地處偏遠,他仍成為全國最受敬重的心靈導師。幾乎所有二十世紀泰國最有成就與最受尊敬的禪師,若不是直接師承於他,就是受到他的深刻影響,阿姜查也是其中之一。④

阿姜查出生在泰國東北部烏汶省農村裡一個和諧的大家庭。約九歲時,他選擇離開家裡,到當地的寺院居住。他先出家成為沙彌,由於持續感受到宗教生活的召喚,在屆滿二十歲時便受具足戒。身為年輕的比丘,他研讀了一些基本的法義、戒律與經典。之後,由於不滿村莊寺院的戒律鬆弛,以及渴望得到禪定的指導,於是離開這些相對安全的限制,採取頭陀(tudong)比丘的苦行生活。他參訪了幾位當地的禪師,並在他們的指導下修行。他以頭陀比丘的形式雲遊了好幾年,睡在森

林、巖穴與墓地裡，並曾與阿姜曼有過一段短暫但充滿悟性的相處時光。

阿姜查
向阿姜曼請益

根據由帕翁努 (Phra Ong Neung) 比丘所作，即將出版的隆波查傳記《烏汶的珍寶》或《蓮花中的珍寶》(Uppalamani) 有段關於他們相遇的最重要描述：

雨安居結束，阿姜查與其他三位比丘、沙彌與兩位在家人動身，長途跋涉走回伊桑（Ishan，泰國東北方）。他們在邦高(Bahn Gor) 暫停，休息幾天後，繼續朝北展開兩百五十公里的行腳。到了第十天，他們抵達塔帕農 (That Panom) 的大白塔，一座古代湄公河岸的遺跡，禮拜供奉在該處的佛陀舍利後，便繼續行腳。沿途發現路上有森林寺，就留下來過夜。即使如此，那仍是一段艱辛的旅程，沙彌與在家人紛紛要求回頭。當他們最後抵達阿姜曼的住處沛塘寺 (Wat Peu Nong Nahny) ⑤時，一行人只剩下三位比丘與一名在家人。

當他們走進寺院時，阿姜查立即被它祥和與幽靜的氣氛所感

動。中央一座小會客廳，打掃得一塵不染，他們見到幾位比丘正在安靜地幹活，散發出謹慎而沈著的優雅氣質。這座寺院帶給他前所未有的感覺——靜默中充滿著奇異的活力。阿姜查與他的同伴受到親切的招呼，並被告知帳傘（泰文glot，撐開蚊帳的大傘）擺設的位置，然後，他們痛快地洗澡，洗去一路的塵垢。

　　到了晚上，這三位年輕比丘將雙層袈裟整齊地披在左肩上，懷抱著既期待又畏懼的忐忑心情，前往會客木屋，向阿姜曼⑥頂禮。阿姜查雙膝跪地爬向大師，另外兩位比丘則在他的兩側，他們逐漸接近一個瘦小而年老，卻堅毅如鑽石般的身影。當阿姜查向他頂禮三次並選擇適當的距離坐下時，不難想像阿姜曼深邃而透澈的眼神是如何凝視著他；一位坐在阿姜曼稍微後面的人慢慢揮舞扇子驅趕蚊子。當阿姜查的眼光向上時，瞥見阿姜曼的鎖骨明顯地突出蒼白皮膚上的袈裟，而他的薄唇則被蒟醬汁染紅，與他奇異的光采形成醒目的對比。基於比丘之間尊敬戒臘的習俗，阿姜曼首先詢問訪客，他們出家的時間、在哪些寺院修行、旅途的細節，以及是否對修行有任何疑惑？阿姜查吞了一下口水，是的，他有。他過去一直熱心研究律典，不過卻遇到挫折。戒律似乎太繁瑣了，很難落實，似乎很難持守所有的規則，標準在哪裡呢？阿姜曼向阿姜查建議「世間的兩個護衛」——慚與愧⑦為他

戒

的基本原則。有了這兩種美德，其他的就會隨之而來。他接著便開始講述戒、定、慧三學，四正勤⑧與五力⑨。他的眼睛半閉，聲音愈來愈洪亮而迅速，如同在逐步換向更高速的排檔。他斬釘截鐵地描述「實相」與解脫之道，阿姜查與同伴聽得渾然忘我。阿姜查後來說，雖然他走了一整天的路已筋疲力竭，聽到阿姜曼的開示卻讓他倦意全消；他的心變得平靜而澄澈，覺得自己好像從座位上飄到空中。直到深夜，阿姜曼才結束談話。阿姜查回到傘帳，神采奕奕。

第二晚，阿姜曼給了他們更多的開示，阿姜查覺得他對修行已不再有任何疑惑。他生起前所未有的法喜，現在要做的，只是把了解化成行動。確實，這兩晚帶給他最大的啟發，是阿姜曼的訓誡讓他「見識實相」(sikkhibhūto)。但最清楚的解釋，就是給他一個至今仍欠缺卻必要的修行背景或基礎，即心本身與心裡剎那生滅狀態之間的區別。

「阿姜曼說，它們只是狀態，因為不了解這點，我們才會將它們視為真的，視為心本身；事實上，它們都只是剎那的狀態。當他那麼說時，事情突然變清楚了。假設心中有快樂——對心本身而言，它是不同的事，是不同的層次。若你了解這點，你就可以停止，可以將事情放下。當世俗諦（世間共許的實相）被如實看

見時，它就是勝義諦（究竟的實相）。多數人把每件事都混為一談，說成心本身，但事實上，有心的狀態和對它們的覺知。若你了解這點，就差不多了。」

到了第三天，阿姜查頂禮阿姜曼後，就帶著他的夥伴告辭，再次進入普潘 (Poopahn) 偏僻的森林中。他就此離開沛塘寺，再也沒有回來過⑩；不過，他的內心滿懷啟發，一生受用不盡。

建立 森林修行體系

一九五四年，在經歷過許多年的行腳與修行後，他受邀前往靠近出生地邦高村旁的濃密森林安居。這片樹林無人居住，是公認毒蛇、老虎與鬼魅的出沒處，就如他所說的，是最適合森林比丘居住的理想地點。一座大型寺院圍繞著阿姜查建立起來，愈來愈多比丘、八戒女與在家居士前來聽他說法，並留下來和他一起修行。如今在泰國與西方，共有超過兩百座山丘與森林分院住著他的弟子們，在那裡禪修與傳法。

雖然阿姜查在一九九二年逝世，他所建立的修行體系仍持續在巴蓬寺與其分院流傳。通常一天有兩次團體禪修，且有時會有一位資深教師開示，禪修的核心是生活的方式。出家人除了

勞動之外，還要染整與縫補自己的袈裟，儘量做到自給自足，並維持寺院建築與地面的整潔。他們過著簡樸的生活，遵從托缽與日中一食，以及限制私人財物的頭陀苦行。森林各處散布著比丘與八戒女獨居、禪修的茅篷，他們還在樹下乾淨的路上練習行禪。

在西方一些寺院與泰國少數寺院中，禪修中心的地理位置即說明這風格可能略有差異。例如，瑞士的分院是座落在山腳下村莊裡的老舊木造旅館，雖然如此，簡樸、安靜與嚴謹的精神，仍是它們一貫的基調。嚴格持守戒律，在和諧與有條不紊的團體中，過簡易與單純的生活，以便讓戒、定、慧能善巧與持續地增長。

除了住在固定場所的寺院生活之外，在鄉間行腳，朝聖或尋找獨修靜處的頭陀行，仍被認為是修行的重點。雖然泰國的森林正在快速消失⑪，過去在行腳時經常會遇到的老虎與其他野生動物也幾乎絕跡；不過，這個生活與修行方式仍可能持續下去。

這個修法不只在泰國，被阿姜查、他的弟子們與其他森林僧保存下來，它也在印度與其他許多西方國家，被他的比丘與八戒女弟子們延續著，例如：向當地居民托缽維生，只在日出與

中午之間進食，不攜帶或使用金錢，以及睡在任何能找得到的遮蔽處。

智慧是一種生活與存在的方式，阿姜查努力將簡單的出家生活形式完整地保存下來，以便現代人依然能學習與修行佛法。

阿姜查
對西方人的教導

有個廣泛流傳並已得到證實的故事。一九六七年，在新出家的阿姜蘇美多抵達並請求阿姜查指導之前不久，阿姜查開始在森林裡建造一座新茅篷。正當要安置角落的柱子時，一個幫助建築的村民問到：「咦？隆波！我們為何要蓋這麼高？屋頂比平常需要的高出很多呢！」他很困惑，如這種建築的空間通常都設計成足以讓一個人安住即可，一般是八乘十呎見方，屋頂的高度則大約七呎。

「別擔心，不會浪費的，」他回答：「有天，一些西方比丘會前來此地，他們比我們高很多。」

在這第一位西方學生抵達後，人潮即連年和緩而持續地湧入阿姜查寺院的大門。從一開始，他就決定不給這些外國人任何特殊待遇，而是讓他們儘量適應當地的氣候、食物與文化，並

進一步利用任何他們可能感到的不適，作為開發智慧與耐心的方法。智慧與耐心，是他認為修行進步的核心特質。

　　儘管有讓僧團處於單一和諧標準的重要考量，不讓西方人有任何特殊待遇，但於一九七五年，在因緣際會之下，國際叢林寺 (Wat pah Nanachat) 仍然在靠近巴蓬寺處成立，專供西方人修行。

　　話說當時，阿姜蘇美多與一小群西方比丘，正準備前往靠近姆恩 (Muhn) 河畔的分院，他們徹夜停留在朋懷 (Bun Wai) 村外的小森林，碰巧那裡有許多村人是長期追隨阿姜查的信眾，他們既驚且喜地看著這群外國比丘，一起走在他們滿是灰塵的街道托缽，他們詢問這些比丘，是否可在附近的森林安住下來，蓋座新寺院。阿姜查應許這個計畫，這針對與日俱增有志於出家的西方人所設的特別訓練寺院，於焉成立。

　　不久之後，阿姜蘇美多於一九七六年受到某個倫敦團體的邀請，前往英格蘭建立一座上座部寺院。翌年阿姜查前來，將阿姜蘇美多與其他幾位比丘留在漢普斯戴德寺 (Hampstead Vihara)，一棟位於倫敦北方鬧街道上的公寓住宅。幾年之後，他們搬到鄉下，並建立了好幾座分院。

阿姜查的弟子們
向西方傳法

從那時起，阿姜查的資深西方弟子們，就在世界各地展開建寺與弘法的工作，其他寺院陸續在法國、澳大利亞、瑞士、義大利、加拿大與美國等地成立。阿姜查本人曾於一九七七、一九七九年兩度前往歐洲與北美，並全力支持這些新機構的建立。他曾說過，佛教在泰國，就如一棵老樹，過去曾繁榮茂盛，現在它老了，只能結出幾顆又小、又苦的果實。反之，佛教在西方，就如一株年輕的樹苗，朝氣蓬勃並充滿成長的潛力。不過，它需要適當的照顧與支持，才能順利地茁壯。

一九七九年訪問美國時，他也曾說過類似的話：

在西方，英國是個適合佛教建立的好地方，但它也是個古老的文化；美國則不然，它擁有年輕國家的精力與可塑性——這裡的每件事都是新的，只有這裡才是佛法真正可以興盛的地方。

當他對一群剛成立佛教禪修中心的年輕美國人說話時，還加入這樣的警語：

戒

你們將能在這裡成功地弘揚佛法，前提是要敢於挑戰學生的欲望與成見（直譯為「戳他們的心」），若能如此做就會成功；若無法這麼做，若為了討好他們而改變教導與修行，以迎合人們既有的習慣與觀念，你們將會一敗塗地。

雖然這本書包含許多清楚的佛法解釋，不過若先將本書常用的關鍵字、態度與概念釐清，或許會更有幫助，尤其是對那些不熟悉一般上座部說法，或特殊泰國森林傳統的人而言。

四聖諦
是佛教的基因密碼

雖然佛教各種傳統中都有許多佛經，但有種說法是，整個教法都包含在他最早的開示——《轉法輪經》（*Dhammacakka-ppavattana-sutta*）中，那是他覺悟不久後，在波羅奈國⑫的鹿野苑對五比丘所說。在這簡短的開示中（大約只需二十分鐘就可誦完），他解釋了中道與四聖諦的本質。這教導通用於一切佛教傳統，就如一粒橡樹籽包含了最後長成巨大橡樹的基因密碼一樣，一切多采多姿的佛陀教法，都可說是從這「根本智」⑬中衍生出來的。

四聖諦的形成，就如同阿輸吠陀⑭的醫方解釋：（一）病癥；（二）原因；（三）預後；（四）治療。佛陀總是充分利用當時人們熟悉的架構與形式，此例即是他心中的藍圖。

　　第一聖諦（病癥）是苦 (dukkha)——我們會感到不圓滿、不滿足與痛苦。雖然我們也可能會對一個粗糙或超越的本質，有剎那或長時間的快樂；不過，心總是會有不滿的時候。這範圍可能從極度痛苦，到一些無法持久的微細樂受——這一切都隸屬於「苦」的範疇。

　　有時，人們閱讀第一聖諦，卻將它誤解為絕對的陳述：「一切領域的實相都是苦的。」這陳述為一切事物作了價值判斷，不過那不是此處要表達的意義。若是如此，那就意味著每個人都沒有解脫的希望，而覺悟事物存在實相的「法」，也無法帶來安穩與快樂；然而，根據佛陀的智慧，是可以的。

　　因此重點是，這些是「聖」諦，而非「絕對的」真理。它們是在相對真理的意義下，名之為「聖」；不過，當它們被了解時，會為我們帶來「絕對」或「究竟」的領悟。

　　第二聖諦是苦的起因，是以自我為中心的「渴愛」（巴利語 taṇhā，梵文 tṛṣṇā），原文字面上的意思就是「口渴」。這渴愛或執著，就是苦的因：可能是對感官欲樂的渴愛、成為什麼的

戒

渴愛、身分被肯定的渴愛，也可能是不要成為什麼的渴愛，或消失、消滅、擺脫的欲望。這有許多細微的面向。

第三聖諦是苦滅 (dukkha-nirodha)，即預後，nirodha的意思就是「滅」。這意思是，苦或不圓滿的經驗可能消失，可能被超越，可能結束。換言之，苦並非絕對的真理，只是一種暫時的經驗。心可以超越它，獲得解脫。

第四聖諦是滅苦之道，是到達第三聖諦的方法，從苦的起因到達苦滅。其處方是八正道，其要素為戒、定、慧。

顛撲不破的因果法則

佛教的一個重要世界觀，是顛撲不破的因果法則——每項行為都有一個同等與反向的作用力。這不只見於物理世界，更重要的是，也適用於心理與社會的領域。佛陀深入實相本質的智慧，讓他了解到這是個道德的宇宙：善有善報，惡有惡報——自然即是如此運作。無論是現世受報，或未來世報，符合因的果報必然會出現。

佛陀並澄清，「業」（巴利語kamma，梵文karma）的關鍵因素是動機。如同上座部經典中最著名，也最受喜愛的《法句經》

(*Dhammapada*) 卷首所說：

　　心是一切事物的先導：以惡心思考與行動，憂愁必將隨之而至，就像車轍跟在牛車後面一樣；以善心思考與行動，快樂亦必隨之而至，如影隨形，永不分離。⑮

　　這個理解，多數的亞洲地區很早以前就知曉並視為理所當然，本書中的許多開示也處處看得到回響。雖然在佛教世界裡，它算是一種信仰；不過，它同時也是可透過經驗被認知的法則，並非被當成老師的保證或某種文化使命，而被盲目的接受。當阿姜查遇到不相信這說法的西方人時，他不是批評他們，或駁斥他們持有邪見，或覺得必須讓他們以他的方式去看事情。他對有人能以如此不同的態度看事情感到有趣，會請他們描述自己如何看待事情運作，然後由此展開對話。

每件事物
都一直在變化

　　本書中，另一個他經常反覆談論的教學重點，是存在的三個特徵。從佛陀的第二次開示（即《無我相經》，*Anattālakkhaṇa*

Sutta），以及他往後的教學生涯中，都一再強調一切現象，無論是內在或外在、心或身，都有三個不變的特徵——無常、苦、無我(anicca, dukkha, anattā)。每件事物都一直在變化；沒有任何事物能一直圓滿或可靠；也沒有任何事物可以真的被說成是「我的」，或有個真實不變的「我」。當這些特徵透過直接體驗、了解與覺知時，智慧就真的可說是露出了端倪。

　　無常是智慧生起的三個要素中的第一個，阿姜查長久以來一直強調，無常的思惟是智慧的首要入口。如同他在〈寧靜的流水〉中所說：

　　在此所說的不確定性就是「佛」，「佛」就是「法」，「法」就是不確定性。凡是看見事物的不確定性者，就看見它們不變的實相。「法」就是如此，而那就是「佛」。若見「法」，就見「佛」；見「佛」，就見「法」。若你覺知事物的無常或不確定性，就會放下它們，不執著它們。

　　這是阿姜查教學的特色，他習慣使用人們較不熟悉的「不確定性」（泰文my naer）來代替「無常」。「無常」會讓人感覺比較抽象或專門，「不確定性」則更能妥貼地傳達遭遇變化時

心中的感覺。

透過
否定的方式表達

　　上座部教法一個最重要的特色，以及本書常使用的說話方式，是探討它們「不是」什麼，而非它們「是」什麼，以此來解釋實相與到達實相的方法。在基督教的神學語言中，這被稱為是種「遮遣的 (apophatic) 方式」——談論上帝不是什麼，相對於「直說的 (kataphatic) 方式」——談論上帝是什麼。這種「遮遣」的闡述風格，也稱為「透過否定的方式」(via negativa)，千百年來，不少重要的基督徒使用過，其中一個立即浮上心頭的人物，是著名的神祕主義者兼神學家，基督教的聖約翰⑯。這風格的範例從其詩作〈登上加爾默羅山〉(*Ascent of Mount Carmel*) 即可看出端倪，他如此敘述心目中最直接的靈修方式（即直上山頂）：「沒什麼，沒什麼，沒什麼，沒什麼，即使站在山上，也沒什麼。」

　　巴利經典擁有許多相同的「透過否定方式」的風格，常被讀者誤解為虛無主義的生命觀。實相雖然無法往前更進一步，不過我們很容易由此看出誤會如何形成，尤其若有人是來自於習

慣以肯定方式表述生命的文化。

有一次，在佛陀覺悟後不久，他走在摩竭陀國 (Magadhan) 鄉村的路上，前往尋找之前和他一起修苦行的五名同伴。途中，另一位頭陀行者優婆伽 (Upaka) 看見他走來，深受佛陀外表的震撼。不只因為他是位剎帝利王子，有著皇室的氣質；且因他身長六尺以上，相貌堂堂，卻穿著頭陀行者的破衣服，而散發出耀眼的光芒。優婆伽深受感動：

「朋友！你是誰？你的臉如此明亮與潔淨，你的態度如此威嚴與平靜，你一定發現了什麼偉大的真理，朋友！你的老師是誰？你又發現了什麼？」

才剛覺悟的佛陀回答他：「我是一個超越一切煩惱者，一個全知者。我沒有老師，我是世上唯一的正覺者，沒有人教我這個——我是靠自己的努力完成的。」

「你的意思是說，你宣稱自己已戰勝生與死？」

「是的，朋友！我是個勝利者；現在，在這心靈盲目的世上，我將前往迦尸國 (Varanasi)，敲響無死的鼓聲。」

「祝你順利，朋友！」優婆伽說，然後搖著頭，走另一條路離開。（《大事》第一篇，第六頁）

實相難以言傳
別愈描愈黑

佛陀從這次相遇了解到，直接宣示事實不一定能激發信心，也不見得是與他人溝通的有效方法，因此在抵達迦尸國外的鹿野苑，遇見先前的同伴時，他採取一種更接近「分別論說」(vibhajjāvada) ⑰的方式，所以才有四聖諦準則的產生。這反映了表達形式的轉變，從「我已獲得正等正覺」，到「讓我們探討人為何會感到不圓滿（苦）」。

佛陀的第二次開示（即《無我相經》），也是他在迦尸國鹿野苑所說，且是讓五比丘覺悟的教法，就充分發揮「透過否定的方式」。在此並不適合詳細闡述該經，不過，簡單來說，佛陀以尋找自我（巴利語atta，梵文atman）為主題，讓人們藉由分析，去發現自我並無法在身或心的元素中找到，藉由如此的陳述，他說：「於是，睿智的聖弟子們，對色、受、想、行、識，皆不再渴愛。」心就這樣獲得解脫。一旦我們放下錯誤的執著，實相就會呈現出來。由於實相難以言傳，因此最適合也最不讓人誤會的方式，就是留白，別愈描愈黑──這就是「否定方式」的本質。

避免談論
成就或禪定的境界

　　絕大多數佛陀的教法，尤其是在上座部傳統中，就是如此表現解脫道的本質，這是遵循它的最好方式，而非熱烈地添加說法於標的上。這也是阿姜查的主要風格，他儘量避免談論成就或禪定的境界，以此對治心靈唯物論（獲勝心、競爭與嫉妒），並讓他們的目光放在最需要的地方——解脫道上。

　　若情況需要，阿姜查談論起究竟實相也很有特色，那就是明快與直接。關於〈趨向無為〉、〈勝義〉與〈無住〉的談話，都是這方面的範例。不過，若他認為一個人的理解還不成熟，而他們卻仍然堅持詢問勝義的特質（例如他在〈什麼是「觀」？〉中的對話），他會巧妙地回答，如同他在那次對話中所說：「根本沒有任何東西，我們不稱它為『任何東西』——它就是那樣存在！一切都放下。」（直譯為：若那裡還有什麼，就把它丟去餵狗！）

教法最重要的元素
就是正見與戒

　　當被問到，他認為什麼是教法中最重要的元素時，阿姜查經

常回答，根據他的經驗，一切心靈提昇都得依賴正見與純淨的行為。針對正見，有次佛陀說：「就如黎明預示日出一樣，正見是一切善法的先導。」建立正見的意義是，第一、擁有一張值得信賴的心與世間的地圖，特別是關於業報法則的正確評價；第二、依據四聖諦去生活，據此將受、想與行的流動，轉變成智慧的燃料。將這四點變成羅盤的方位，可以藉此調整我們的理解，並導正我們的行為與動機。

阿姜查將「戒」視為心的大守護者，並鼓勵所有認真追求快樂與光明人生的人，都要用心持戒——無論是在家眾的五戒⑱，或出家眾的八戒⑲、十戒⑳與具足戒㉑。戒律，即善的行為與話語，能直接讓心與「法」一致，成為定、慧與解脫的基礎。

內在的正見必然導致外在的持戒，反之亦然，它們是相輔相成的。若了解因果，明白渴愛與痛苦的關係，我們的行為自然就會更加調和與自制。同樣地，若我們的言行是恭敬、誠實與仁慈的，就能創造出內在平靜的因，如此將更容易讓我們了解控制心的法則與它的運作，而正見也將更容易生起。

阿姜查經常提起的這層關係有個特別的結果，就如他在〈世俗與解脫〉中所說，一方面既洞見一切世間法（例如金錢、修

道生活與社會習俗）的空性，一方面又完全尊重它們。這聽起來可能有些矛盾，不過他了解，中道是解答這類難題的同義辭。若執著世間法，就會被它們壓迫與限制；而若想要對抗或否定它們，將會發現自己陷於失落、衝突與迷惑中。他了解這點，只要秉持正確的態度，兩者都可獲尊重，且是以一種自然與自由的方式，而非被迫或妥協的方式。

可能是由於他在這領域擁有深奧的智慧，因此，才能一方面保持比丘堅苦卓絕的傳統與苦行，一方面又能完全放鬆，不會受他所遵循的規則所束縛。對許多見過他的人來說，他似乎是這世上最快樂的人──這事實說來可能有些諷刺：他一生中從未有過性經驗；沒有錢；不曾聽過音樂；每天經常得騰出十八至二十個小時待人接物；睡在一張薄薄的草蓆上；有糖尿病與各種瘧疾症狀；很高興巴蓬寺有「世上伙食最差」的名聲。

阿姜查
訓練弟子的方法

阿姜查訓練弟子的方式有許多種，教導當然是用口說，我們已談過不少。不過，多數學習過程都是因勢利導，阿姜查了解，要讓心真正學到「法」並被它轉化，這課程就應藉由體驗

而吸收，而不只是智力上的了解而已。因此，他運用一萬條出家生活、團體活動與頭陀行的事件與觀點，做為教導與訓練弟子的方式，包括：社會工作計畫，學習背誦規則，幫忙處理日常瑣事，隨機更改時間表等，這一切都拿來作為研究苦的生起與滅苦之道的道場。

　　他鼓勵做好準備學習一切事物的態度，就如在〈法性〉的談話中所說。他會一再強調，我們就是自己的老師，若具有智慧，一切個人的問題、事件與自然的面向，都能指導我們；若愚昧無知，即使佛陀出現在眼前解釋一切事物，也無法讓我們產生深刻的印象。這智慧也出現在他處理問題的方式上——他更常回問對方來自何方，而非根據他們的主張回答問題。通常當被問到某些事時，他會先接受問題，慢慢將它拆開，然後再將片段還給提問者，接著他們就會了解它是如何組成的，且會驚訝阿姜查讓他們回答自己的問題，以此完成對他們的指導。當被問到他如何能經常做到這點時，他回答：「若這人不是已知道答案，不會一開始就提出這樣的問題。」

　　他所鼓勵並貫穿本書教導的基本態度，還有：第一、必須於禪修中培養一種深切的發心；第二、善用修行環境以培養忍辱。後者近來較少受到重視，尤其是在西方講究「速成」的文

化之下，不過在森林生活中，它幾乎被視為心靈訓練的同義辭。

了解苦的因並放下

當佛陀首次開示出家戒時，他是在竹林精舍對一千兩百五十位出家弟子說的，他的第一句話是：「忍辱，是讓心從惡法中解脫的最佳方式。」[22]因此當有人前來向阿姜查訴苦，說她們的丈夫如何酗酒與今年的作物歉收時，他的第一個反應經常是：「你能忍受它嗎？」這裡說的不是男子氣概的表現，而是指出超越痛苦事實的方法；不是逃避、耽溺或單靠意志力咬牙撐過，不！鼓勵忍辱是說在困境中保持穩定，確實領會與消化痛苦的經驗，了解它的因，並放下它們。

阿姜查的教學，當然有許多場合是同時對在家人與出家人說的，不過也有許多例子並非如此。這是個閱讀本書廣泛題材時應牢記在心的要點。例如，〈使心變好〉的談話就明顯是針對在家聽眾——一群前來巴蓬寺「供養僧團並為自己求功德」（泰文tam boon）的人；而〈欲流〉則只對出家人說，在那例子中只有比丘與沙彌。

這種區別，不是因為某些教導是「祕密」或比較高級的，而是基於因材施教的原則。在家人的日常生活，當然會有不同的考量與影響範疇，例如他們必須試著找時間禪修、維持一份收入，以及與配偶共同生活──而出家人則沒有這些考量。此外，最特別的是，在家團體不必持守出家的戒律。阿姜查的在家弟子一般而言只需遵守五戒，而出家人則需遵守八戒、十戒乃至兩百二十七條具足戒等不同程度的戒律。

　　當他單獨教導出家眾時，焦點則會更放在出家生活方式上，以此為關鍵的訓練法；因此，會著重於教導那種生活方式可能產生的障礙、陷阱與榮耀。由於泰國寺院的比丘，平均年齡通常介於二十五至三十歲之間，他們必須嚴格遵守獨身的戒律；因此，阿姜查需要善巧地疏導不安與性欲的能量，那是比丘經常會面臨的問題。當這些能量獲得適度引導之後，人們就能控制與運用它們，且加以轉化，這將有助於禪定與智慧的發展。

修行時多受點打擊是很自然的

　　在一些例子中，對出家人的談話語氣，要比對在家人嚴厲得多，例如在〈「法」的戰爭〉中的談話。這種表現方式，顯露

出某種「不收犯人」的風骨，那是泰國森林傳統許多老師的特色。這種說話方式的目的是為了激起「戰鬥意志」——無論事情多麼困難，都要作好承擔一切苦難準備的心態，達到智慧、忍辱與正信。

有時這種態度在語氣上會顯得過於強硬或好鬥，因此讀者們應謹記，這些語言背後的精神是為了激勵行者與鼓舞內心，在面對各種挑戰時提供支持的力量，讓心順利地從貪、瞋、痴中解脫出來。正如阿姜查所說：「所有認真修行的人，都應期待經歷許多摩擦與困難。」心正在接受訓練，以便對抗以自我為中心的習氣，因此多受點打擊也是很自然的。

關於阿姜查在這方面的教導，尤其牽涉到「更高」或「勝義」的辭彙時，很重要的一點是，他不會獨厚出家人。若他覺得一群人都已可以進入最高層次的教導時，他會自由與公開地傳授，無論對象是在家人或出家人。例如〈趨向無為〉，或在〈寧靜的流水〉中所說：「人們一直在學習，找尋善與惡，但對於超越善與惡的東西，則一無所知。」和佛陀一樣，他從來不會「留一手」，他只根據何者對聽眾最有利而選擇教什麼，不在乎他們持戒的多寡與身分的高低。

阿姜查
強調修行的實用性

　　阿姜查最為人所知的特色之一，是敏於排除與泰國佛教修行有關的迷信。他強烈批評充斥在社會中的巫術、護身符與算命，也很少談論前生或來世、他方世界、天眼或神通經驗。若有人來向他詢問下次贏得樂透彩的號碼祕訣（這是一些人前往拜訪著名阿姜的常見理由），他們通常會得到很簡短的懺悔。他了解，「法」本身就是最無價的珍寶，能提供生命中真實的保護與安全，卻因無益於世間的輪迴，而一直受到忽視。

　　他為了消除一般人認為佛法過於高深的共通信念，便一再強調佛教修行的效益與實用性──出於對他人真實的慈心。他的批評不只是推翻他們對於好運與巫術的幼稚依賴，且更希望他們能將時間與精力，投資在一些真正有益的事情上。

　　雖然他畢生努力破除迷信，不過他於一九九三年的葬禮，卻因周圍大環境的扭曲而令人啼笑皆非。他於一九九二年一月十六日逝世，在一年後舉行葬禮，他的紀念塔有十六根柱子，各三十二公尺高，地基也有十六公尺深，因此烏汶地區許多人選購彩票的號碼，皆同時押注一與六。翌日當地報紙的頭條新聞是：「隆波查給弟子們的最後禮物」──一與六大獲全勝，許

多當地的組頭甚至因而破產。

阿姜查的教學
充滿高度的幽默感

前述的故事，將我們引入阿姜查教學風格的最終特質。他不只擁有令人驚訝的機智，且是位天生的演員。雖然在表達方式上，他可以冷酷與嚴峻，或敏感與溫柔，不過他的教學始終充滿高度的幽默感。他有辦法運用機智讓聽者打開心房，不光是逗人笑，而是為了讓實相更有效地被傳達與接受。

他的幽默感，以及對於生命荒謬悲喜劇的別具慧眼，讓人可以用自嘲的方式認清事實，然後被導向更明智的觀點。它可能是與行為有關的事情，例如他曾做過一次著名的表演，示範許多拿僧袋的錯誤方式：掛在背上、吊在脖子上、抓在手上、拖在地上……；或也可能是與一些個人痛苦奮鬥有關的事。有一次，某個年輕比丘垂頭喪氣地來找他，他見識了世間的悲哀，以及生死輪迴陷阱的可怕，他若有所悟地說：「我再也笑不出來了，一切都如此令人哀傷與痛苦。」四十五分鐘之後，透過一隻小松鼠練習爬樹屢試屢敗的圖畫故事，這比丘笑到捂著肚子跌滾在地上，一邊抽搐，一邊淚流滿面，久久無法平復。

佛陀
也不能逃避死亡

在一九四八年雨安居期間，阿姜查病得非常嚴重，出現了一些明顯的中風症狀。他的健康在最後幾年已非常不穩定——有暈眩與糖尿病的問題——如今頹然垮下。在接下來的幾個月，他接受各種治療，包括幾次手術，不過卻不見起色。衰退的情況持續到翌年中，他陷入癱瘓，只剩下一隻手稍微能動，此時他已失去說話的能力，不過還能眨眼。

接下來的十年，一直持續這樣的情況，他能控制的身體部位愈來愈少，終至喪失一切自主的能力。在這段時間，經常聽說他仍在教導弟子：他的身體不斷地訴說病與老的本質，那是人所無法控制的，不是嗎？是的，他說的正是一件大事——任何一位大師，甚至連佛陀自己，都不能逃避這不可改變的自然法則。要得要平靜和自由，就要努力修行，不將自己等同那具會改變的身軀。

阿姜查以身體示範
生命的不確定性

在這段時間，不管他的限制有多嚴重，除了以身體示範生命

的不確定性，以及讓他的比丘與沙彌有機會藉由看護提供支持之外，他還是偶爾會設法以不同的方式進行教導。比丘們經常得輪流工作，一次三或四個人，二十四小時照顧阿姜查的身體需求。在一次特殊的情況下，有兩位比丘發生爭吵，根本忘了（經常發生在癱瘓或昏迷的病人周圍）房裡還有另一個人可能完全清楚所發生的事。若阿姜查能正常行動，根本無法想像他們會在他的面前口沫橫飛。

當口角愈來愈激烈時，房間一角的床上開始騷動。突然間，阿姜查劇烈地咳嗽，據描述，吐出一塊相當大的痰，劃破長空，穿過兩位當事者，「啪」地一聲擊在兩人身旁的牆上。無言的教化如當頭棒喝，爭吵嘎然而止，尷尬地畫上句點。

在他生病期間，寺院的生機仍如以往旺盛。大師既在那裡，又不在那裡，以一種奇異的方式，幫助僧團適應公共決策，以及不以最敬愛的老師為諸事中心的生活觀念。一般而言，在如此一位大長者去世後，一切事物就迅速瓦解，弟子們各奔前程的情況並不少見，這位老師的遺產在一、兩代後就消耗殆盡了。由此也許可以看出，阿姜查訓練人們建立自信有多麼成功：他生病時，在泰國與世界各地大約有七十五座分院；到他去世時，數目則增加到超過百座，現在則已超過兩百座。

布施精神的呈現

　　十年前他去世後,他的僧團為其安排葬禮。與他生活和教學的精神一致,這葬禮不只是個儀式,同時也是一次聞法和修法的機會。時間超過十天,每天都有好幾段團體禪修與開示,由國內最有成就的法師所主持。在那十天當中,共計約有六千名比丘、一千名八戒女與超過一萬名在家人在森林裡紮營。除此之外,在修行的時段,估計約有一百萬人前來參加;在火葬那天,包括泰國的國王、王后與首相,總計四十萬人,來到寺裡。

　　再一次,在阿姜查畢生維護的精神標準下,整個喪禮的過程都未花半毛錢:食物是由四十二個免費廚房提供給每個人,由許多分院管理與貯存;價值超過二十五萬元的法本免費分送出去;瓶裝水由當地一家公司大量提供;當地客運公司與其他附近的卡車車主,每天早晨載運上千名比丘,到該區的村莊與城市進行托缽。那是個慷慨而隆重的葬禮,也是個向這位偉人道別相稱的方式。

　　這套開示錄能夠編輯出版,也是同樣布施精神的呈現。能獲得阿姜查僧團准許,將他的教導付諸販售,是很難得的(通常

他的書都是由在家信眾贊助，然後免費流通）。事實上，這是從阿姜查傳法以來，獲得英語授權的第三本書。

這套合輯囊括許多先前以英語出版，並免費流通的阿姜查法語。智慧出版社 (Wisdom Publications) 請求應允將這些談話編輯與印刷成書，是為了能將阿姜查的教導，帶給比透過僧團管道更廣大的讀者。這似乎是個高尚的動機，因此獲得阿姜查僧團的完全支持。另外一個可能的原因，是因為它恰巧是在阿姜查逝世十週年完成的。

願這些教導，能為追求解脫道者提供有益的思惟，並有助於建立覺醒、清淨與平靜之心。

阿瑪洛比丘 (Amaro Bhikkhu)

於無畏山寺 (Abhayagiri Monastery)
2002年1月16日

（本文作者於一九五六年出生於英國，一九七九年由阿姜查剃度出家。他目前是加州無畏山寺的共同住持，屬於阿姜查傳統的一支。）

【注釋】

①八戒女：泰國僧團由比丘和沙彌組成，並無比丘尼和沙彌尼。不過，有一種穿白衣、剃髮的女性修行者，稱為「梅齊」。她們是長期或終生受持八關齋戒的學法女，寄住在佛寺裡特闢的地方，聽聞比丘的教誡，也接受信施者的供養。這是南傳佛教比丘尼傳承斷絕下，讓女性出家修行的一種方便。因終生受持八關齋戒，所以又稱為「八戒女」。

②尼連禪河 (Nerañarā)：為恆河支流，位於中印度摩揭陀國伽耶城東方，由南向北流。

③1902 年，泰國政府通過「僧伽法案」，建立了一個以暹羅教會長老（由曼谷當局任命）為首的僧伽組織，其中屬於中央的僧伽行政組織是大長老僧伽會，以僧王為首。先前自治、隸屬不同傳承的比丘，皆歸於擁有標準經文與常規的暹羅宗教體制的一部分。

④泰國學者卡瑪拉‧堤雅瓦妮特 (Kamala Tiyavanich) 所著的《森林回憶錄──二十世紀泰國雲遊僧傳奇》(*Forest Recollection：Wandering Monks in Twentieth-Century Thailand*) 一書中，對阿姜曼以下的九位傳承弟子，以及僧森林僧的修行生活有詳盡的描述。（本書中文節譯本由法耘出版社於 2003 年 12 月出版）

⑤今日的沛塘寺 (Wat Peu Nong Nahny) 位於泰國東北的沙功那空省 (Sakon Nakhon) 帕那尼空縣 (Phanna Nikhom) 那那依鄉 (Nanai)，直到 1982 年，該處成為正式的法宗派寺院，並以阿姜曼的巴利語法號，命名為「布利達陀」(Pa Bhuridatta) 森林寺。

⑥當時阿姜曼七十九歲，阿姜查三十一歲，阿姜曼於翌年（1949）逝世，之後弟子們便各自雲遊去了。

⑦慚 (hiri) 是對惡行感到厭惡，愧 (ottapa) 是對惡行感到害怕，兩者的作用都是不造惡。佛陀稱此二法是世間的守護者，因為它們能制止世間陷入廣泛的不道德。

⑧四正勤 (cattāri sammappadhānāni)：又名「四正斷」，意指策勵身、口、意的修行，不令放逸。即：（一）已生惡令斷除；（二）未生惡令不生；（三）未生善令生起；（四）已生善令增長。

⑨五力 (pañca balāni)：指五種破惡的力用，即：（一）信力——對三寶虔誠，可破除一切邪信。（二）精進力——修四正勤，可斷除諸惡。（三）念力——修四念處以獲正念。（四）定力——專心禪定以斷除煩惱。（五）慧力——觀悟四諦，成就智慧，可達解脫。

⑩阿姜查並未說明何以急著離去的原因，他只是提到住在那裡有一些障礙存在。

⑪森林快速消失的原因很多，如普遍鋪設道路與鐵路、叢林戰爭、砍伐樹林，還有大自然的洪水災難等，都剝奪了森林僧的修行空間。

⑫波羅奈，梵名 Vārāṇasī，巴利名 Bārāṇasī。中印度古王國，又稱波羅奈斯國、波羅捺國。舊稱伽尸國 (Kāśi)，近世稱為貝那拉斯 (Benares)，即今之瓦拉那西 (Varanasi)。佛常遊化至此教化眾生，係六大說法處之一，今城內有數以千計之印度教寺廟，其中有著名之金寺。

⑬根本智又名如理智、無分別智、正智、真智等，即符合真理無分別之真智，因它乃生一切法樂，出一切功德大悲之根本，所以稱為根本智。.

⑭阿輸吠陀 (ayur-vedic) 又譯「壽命吠陀」。一種古代印度醫學，其主要原理均源自吠陀。目前在印度的阿輸吠陀中心仍實行這種醫術。

⑮法救尊者所譯的《法句經‧雙要品》說：「心為法本，心尊心使，中心念惡，即言即行，罪苦自追，車轢於轍。心為法本，心尊心使，中心念善，即言即行，福樂自追，如影隨形。」(《大正藏》卷四，頁562上。）

⑯聖約翰 (St. John of the Cross)：西班牙詩人與神祕主義者，與聖泰瑞莎 (St. Teresa of Avila) 共同於1568年創設加爾默羅 (Carmelites) 赤足冥想修會。他有詩作〈靈魂的暗夜〉(Dark night of the Soul)。

⑰分別論說 (vibhajjāvada)：由多方面分別解說一切法，對未盡理之說，更須分別論

究，故稱「分別論者」，與上座部關係密切。

⑱五條訓練自己身口善行的準則：不殺生、不偷盜、不邪淫、不妄語與惡口、不使
用麻醉品。

⑲八戒：即八關齋戒，是佛陀為使在家信眾有機會學習出家生活，藉以長養出世善
根，而特別開設的方便法門。共有八條戒律：（一）不殺生；（二）不偷盜；（三）
不淫；（四）不妄語；（五）不飲酒；（六）不著華鬘、不香油塗身；不歌舞倡
伎，不故往觀聽；（七）不坐臥高廣大床；（八）不非時食。

⑳十戒：即沙彌或沙彌尼受持的十條戒律，是從五戒的基礎上，加了五條與世間俗
欲隔離的規定，而成為養成僧伽人格的訓練。其內容是：（一）不殺生；（二）
不偷盜；（三）不淫；（四）不妄語；（五）不飲酒；（六）不著華鬘、不香油
塗身；（七）不歌舞倡伎，不故往觀聽；（八）不坐臥高廣大床；（九）不非時
食；（十）不捉持金銀寶物。

㉑具足戒：即指比丘與比丘尼戒。「具足」是舊譯，新譯作「近圓」，「近」是鄰
近，「圓」是圓寂（涅槃），「近圓」意指能清淨受持比丘、比丘尼戒，便已鄰近
涅槃了，因每條戒都可以長養定慧、解脫生死。沙彌或沙彌尼要年滿二十歲才可
受具足戒，成為比丘或比丘尼。在《巴利律》中，比丘有二百二十七條戒，比丘
尼有三百一十一條戒。

㉒這些話是佛陀於二月滿月時，在王舍城附近的竹林精舍，對一千兩百五十名出家
弟子所舉行一場著名教導的開場白。後來的滿月節 (Māgha Puja) 就是為紀念這日
子。此「波羅提木叉教誡」(Ovāda Pātimokka)，形成《法句經》的183-185頌
──「一切惡莫作，一切善應行，自調淨其意，是則諸佛教。」（183頌）「諸佛
說涅槃最上，忍辱為最高苦行。害他實非出家者，惱他不名為沙門。」（184頌）
「不誹與不害，嚴持於戒律，飲食知節量，遠處而獨居，勤修增上定，是為諸佛
教。」（185頌）

戒

【作者簡傳】阿姜查

　　阿姜查‧波提央 (Chah Phothiyan) 一九一八年六月十七日，出生在泰國東北部烏汶省瓦林姜拉縣吉靠村，一個有十個孩子的富裕大家庭中。九歲時離開學校，在父母親的允許下出家成為沙彌，三年後還俗回家幫忙農務。然而他還是比較喜歡修道生活，因此一到二十歲，又在村落的寺院出家成為比丘，一九三九年四月二十六日受比丘戒。

　　他早年的僧侶生活較傳統，研習佛教教義、閱讀泰文教典及巴利經文。第五年時，父親因重病去世，人命的脆弱和不確定，促使他深思生命的真正目的，厭離感開始在心中生起。經過六年的寺院教育之後，一九四六年阿姜查通過了最高級的正規佛學課程考試。從那時起，他放棄學業，開始托缽行腳，走上另一段尋師訪道的旅程。

　　阿姜查走了四百公里抵達泰國中部，沿途行乞於村落、睡在森林。之後追隨幾位寮語系統的師父修學，過著傳統的叢林苦行生活。他聽說了備受推崇的阿姜曼，渴望能見到如此一位有成就的老師，於是，花了一段時間的尋找，才在一九四八年遇見阿姜曼並受到教導：「如果看到在內心生起的每件事物，當

下便是真正修行之道。」當時阿姜曼七十九歲，翌年便逝世
了。雖然阿姜查只與阿姜曼相處兩天，但阿姜曼所授的法門卻
非常受用。簡潔而又直接的教法是很大的啟示，改變了他修行
的方法。往後幾年，阿姜查經常選擇在有野獸出沒的森林中修
行。住在老虎和眼鏡蛇成群之處，甚至叢林墳場，來克服對死
亡的恐懼，並洞察生命的真正意義。

　　一九五四年他受邀回故鄉，在烏汶省他出生村落旁的巴蓬
(Phong Pond) 森林裡住了下來。那裡熱病橫行、鬼魅出沒，他
不顧瘧疾的困境、簡陋的住處以及稀少的食物，追隨他的弟子
卻愈來愈多。巴蓬寺於是應運而生。

　　阿姜查的教導不強調任何特別的打坐方法，也不鼓勵人們參
加速成內觀或密集禪修課程。他教人先觀出入息以調心，等心
安住了，繼續觀察身心的變化。保持生活簡樸、自然的生活態
度以及觀察心念是他的修行要領，以培養一種平衡的心境，既
無所執著也無我。無論是靜坐或日常生活作息都是修行，只要
耐心觀照，智慧與祥和便自然產生。

　　一九八一年，阿姜查的健康逐漸走下坡，但他以「正見」如
實覺知自己的病情：「如果它可以治癒，就治癒；如果不能，
就不能。」他不斷提醒人們，要努力在自己心中找到一個真實

的皈依之所。當年雨安居結束前，他被送往曼谷做一項手術。幾個月內，他停止說話，並逐漸失去四肢的控制，終至癱瘓臥床。一九九二年一月十六日，上午五時二十分，阿姜查在巴蓬寺，在隨侍的比丘們面前，安祥地離開人間。（轉載自阿姜查《森林中的法語》）

Namo Tassa Bhagavato Arahato Sammā-saṃbuddhassa

Namo Tassa Bhagavato Arahato Sammā-saṃbuddhassa

Namo Tassa Bhagavato Arahato Sammā-saṃbuddhassa

皈敬世尊、阿羅漢、正等正覺者

皈敬世尊、阿羅漢、正等正覺者

皈敬世尊、阿羅漢、正等正覺者

【前言】關於這顆心

　　關於這顆心——事實上，它實在沒有錯。它本質上是清淨的，且原本就是平靜的，若不平靜，那是因為它跟著情緒走。真心與這些無關，它只是自然的一面，因受情緒欺騙，而變得平靜或擾動。未受訓練的心是愚痴的，感官印象很容易讓它陷入快樂、痛苦、愉悅與憂傷之中。不過心的真實本質並沒有那些東西。歡喜或悲傷不是心，它只是欺騙我們的情緒，未經訓練的心迷失後，就跟隨著情緒而忘了自己。於是，我們便以為是自己在沮喪、自在或其他等等。

　　但是，其實這顆心原本是不動與平靜的——真正的平靜！只要風靜止，葉子就會安住不動；風來了，葉子隨之舞動，它舞動是源自於風。心的舞動則是源於感官印象，心跟隨著它們，否則就不會舞動。若完全覺知感官印象的真實本質，我們就能不為所動了。

　　修行就只是要看見「本心」，我們必須訓練心去覺知那些感官印象，且不於其中迷失，讓它能平靜下來。我們艱苦修行的一切努力，都只是為了這個單純的目標。

希望獲得佛法
必須培養心中的戒、定、慧

人們從許多來源聽到佛法,例如不同的老師或比丘處。在一些例子中,「法」被以非常廣泛與模糊的字眼教導,以致很難在日常生活中運用。在其他例子裡,它則以華麗的語辭或特殊的名相來教導,尤其是採用逐字解釋經典的方式時,更讓人難以理解。最後,有種教導則是以平衡的方式進行,既不會太模糊或深奧,也不會太空泛或太隱晦,最適合聽者理解與修行,符合每個人的利益。在此我想與大家分享一些我慣常指導弟子的教法。

希望獲得佛法者必須以信仰或信心為基礎,我們必須了解佛法的意義如下:

佛①:「覺知者」②,心中有清淨、光明與安穩者。

法③:清淨、光明與安穩的特徵,從戒、定、慧生起。

因此,獲得佛法者是培養與增長心中的戒、定、慧者。

希望回家的人,不是那些只是坐著幻想旅行者,他們必須踏上旅程,朝著正確的方向一步步前進。若走錯路,就可能遇到沼澤或其他類似的障礙,或陷入險境而永遠到不了家。家,是個讓身心舒適的場所,那些真正到家者才能放鬆與舒服地睡

覺。但旅行者若經過或繞過家門而不入，那麼在整段旅程中，他們將無法得到任何利益。

修行的成果
完全取決於自己

同樣地，達到佛法的道路是每個人必須獨自去踐履的，沒有人能替代。我們必須走戒、定、慧的正道，直到獲得內心清淨、光明與安穩的喜悅，那是踐履正道的成果。

但若人擁有的只是書本、聖典、教誡與經典的知識——那只是旅遊的地圖或計畫——就永遠無法覺悟心的清淨、光明與安穩，即使經過幾百世，他將只是徒勞無功，永遠無法得到修行的真實利益。老師只能指出正道的方向，我們是否行走正道而獲得修行的成果，則完全取決於自己。

在此有另一個觀察的角度。修行就如醫師開給病人的藥，瓶子上有詳細的用藥說明。但若病人只是閱讀說明，即使讀上一百次，還是可能會死。他們無法從藥物得到任何利益，並可能會在死前埋怨醫生差勁，是個騙子，那些藥物無法治癒他們，因此毫無價值。殊不知他們只是花時間檢視藥瓶與閱讀說明，並未遵從醫師指示服藥。

戒

　　但若遵從醫生指示服藥就能康復，假使是重病，就必須服用較重的藥量，若病情輕微，則只需服用少量的藥即可。服用重藥是因為病重的關係，那是非常自然的，你們自己仔細思量後就會了解。

　　醫師開列處方以減輕身體的疼痛，佛陀的教導則是心病的藥方，讓心能恢復自然的健康狀態。因此，佛陀可說是開列心病處方的醫師。事實上，他是世上最偉大的醫師。

　　我們每個人毫無例外地都有心病。當你看見這些心病時，難道不會合理地想尋求「法」做為依靠或藥方嗎？踐行佛法之道，不能以身體去完成，你必須用心去實踐。我們可以將解脫道的行者區分成三種層次：

　　第一層次，包括那些了解自己必須修行，並知道如何做的人。他們皈依佛、法、僧，決心依教法精進修行。這些人已摒棄盲從的習俗與傳統，而能根據理智親自檢視世間的本質。這群人名為「佛教行者」。

　　中間層次，包括那些已修行到對佛、法、僧深信不移的人，他們已覺悟一切因緣法的真實本質，逐步降低執取與貪著，不會緊抓事物不放，他們的心深悉佛法。根據不執著與智慧的程度，而分別稱為「入流」④、「一來」⑤、「不來」⑥，或統

稱為「聖者」。

最高層次，是那些修行已導向佛陀的身、口、意者。他們超越世間、解脫世間，解脫一切貪染與執著，而稱為「阿羅漢」⑦或「世尊」，是最高層次的聖者。

修行正念和正知
將能生出善戒

戒，是對身和語業的自制與紀律，正式的區分是在家戒與比丘、比丘尼戒。不過，一般而言，有個基本特性──動機。當我們正念或正知時，就有正確的動機，修行正念⑧與正知⑨將能生出善戒。

若我們穿上髒衣服，身體會變髒，心也會感到不舒服與沮喪，那是非常自然的。若保持身體潔淨，並穿上整潔的衣服，心就會變得輕快與喜悅。同樣地，當無法守護戒律時，我們的身行與言語就會腐化，而讓心痛苦、悲傷與沈重。我們將偏離正確的修行，無法洞見「法」的本質。善的身行與言語有賴正確訓練的心，因為身體與語言都由心所控制。因此，我們必須持續調伏自己的心。

戒

定的修習
能讓心更堅固

　　以定⑩來訓練，能讓心更堅定、穩固，為心帶來平靜。通常未經訓練的心是動盪不安的，難以控制與駕馭。這種心狂野地跟隨感官起舞，就如水往低處竄流一樣。農學家與工程師知道如何控制水，以供人類社會使用，他們築起水壩以攔截河流，建立水庫與渠道，只為了輸送水讓人更方便使用。這些蓄積起來的水，變成電力與燈光的來源——這是控制水流更進一步的利益，如此一來，不僅阻止它四處流竄、淹沒低地，還能發揮它的最大功效。

　　心經常受攔阻、控制與疏導的情況也是如此，將能帶來無邊的利益。佛陀說：「調伏之心，將帶給我們真正的快樂，因此好好訓練你的心，以得到它的最大利益。」同樣地，環顧周遭的動物大象、馬、牛等，在使用牠們之前，也必須先加以訓練，唯有如此，牠們的力量才能充分發揮，為我們所用。

　　調伏的心所帶來的福報，比未調伏的心要來得多。佛陀與聖弟子們都和我們一樣——從未調伏的心開始，但後來都成為我們尊敬的對象，我們從他們的教導中得到許多利益。仔細想想，整個世界已從這些調伏心且獲得解脫者的身上，得到多少

利益。受到控制與調伏的心，將更能適切地在各行各業幫助我們。有紀律的心，會使我們的生活保持平衡，讓工作更順利，並培養與發展出理性的行為模式。最後，我們的快樂亦將隨之提昇。

修行最有效方式是
對呼吸保持正念

心的訓練可透過許多方式，使用許多不同的方法去做。每種人都可以修行的最有效方式是對呼吸保持正念，即培養入息與出息的正念。

在本寺，我們將注意力集中在鼻端，並配合念誦Bud-dho①以培養入出息的覺知。若禪修者希望念誦另一個字，或單純地於氣息的進出保持正念，那也很好，調整修法以適合自己。禪修的基本要素，是必須在當下注意或覺知呼吸，因此，在吸氣或吐氣時都要保持正念。修習行禪時，我們嘗試將注意力放在腳接觸地面的感受上。

禪修要想有結果，就必須儘可能經常練習。不要一天禪修一小段時間後，隔了一、兩個星期或甚至一個月才再修習一次，如此不會有什麼效果。佛陀教導我們要經常練習，並要精進地

戒

練習，儘可能持續訓練心。要想有效地修行，應該尋找不受干擾的理想僻靜處。適合的環境是花園、後院的樹蔭下，或任何可以獨處的地方。若是比丘或比丘尼，應該找個茅篷或安靜的森林，或一個洞穴。山林，是最適合修行的場所。

無論如何，不管身在何處，我們都必須努力維持入息與出息的正念。若注意力轉移，就把它再拉回到禪修的所緣上。嘗試放下其他一切想法與關心的事，不要想任何事──就只是觀察呼吸。念頭一生起，便立即警覺，並努力回到禪修的所緣上，心將變得愈來愈平靜。當心達到平靜與專注後，就可以把它從禪修的所緣──呼吸上放開。

現在，開始檢視組成身心的五蘊⑫：色、受、想、行、識。觀察它們的生滅，你將清楚地了解它們都是無常的；無常讓它們成為苦與可厭的；它們自行生滅，沒有一個主宰的「我」，只有根據因果而生的自然變動。世上的一切事物都具有無常、苦與無我的特相。若你能如此看待一切存在的事物，對五蘊的貪染與執著就會逐漸減少，這是因為你了解世間的實相。我們稱此為慧的生起。

了解身心各種現象的實相
就是慧

　　「慧」⑬是指了解身心各種現象的實相。當我們以調伏與專
注的心觀察五蘊時，就會清楚地了解身與心都是無常、苦與無
我的。以智慧了解這些因緣和合的事物，我們就不會貪取或執
著。無論接收到什麼，都以正念接受，就不會樂不可支；當擁
有的事物壞滅時，也不會不快樂或痛苦，因為我們清楚了解一
切事物的無常本質。心已經調伏，遭遇任何疾病或苦難時，就
能保持平常心，所以，最真實的依怙，就是這顆調伏的心。

　　這一切便被稱為「慧」——明瞭事物生起時的真實特相。慧
從正念與定生起，定則從戒的基礎生起，戒、定、慧三者彼此
密切相關，無法斷然區分。修行時它如此運作：首先，以調伏
的心注意呼吸，這是戒的生起；持續修習入出息念，直到心平
靜下來，定便生起；接著，觀察呼吸的無常、苦與無我，如此
便能不執著，這是慧的生起。因此，入出息念可說是發展戒、
定、慧的因，三者輾轉相互提攜。

　　當戒、定、慧同時開發時，如此的修行即稱為「八正道」⑭，
佛陀說這是唯一的離苦之道。八正道是最殊勝的，因為若正確
地修習，它直接通往涅槃、寂滅。

修行的果報
將會生起

當我們依上述的解釋禪修，修行的果報將分三階段生起：

首先，對在「隨信行者」⑮而言，將會增加對佛、法、僧的信心。此信心會成為他們內在真實的支撐，他們也將了解一切事物的因果法則：善有善報，惡有惡報。因此，這種人的快樂與安穩將大為提昇。

其次，達到入流、一來與不來聖果者，將增長對佛、法、僧的不壞淨信⑯，他們是喜悅與趣入涅槃的。

第三，阿羅漢或世尊，已完全離苦得樂。他們是覺者，已出離三界，並究竟圓滿解脫道。

我們都有幸生而為人，並且聽聞佛法，這是難得、難遇的機會。因此，切莫輕忽、放逸。趕緊持戒行善，遵從初、中、高級的修行正道，切莫蹉跎光陰，甚至就在今天嘗試證入佛法的真諦。讓我以一個寮語的俗諺作為結語：

歡樂已逝，暗夜將至。此時飲泣，駐足觀望，不久之後，結束旅程，將已太遲。

【注釋】

①佛 (Buddha,Buddho)：意譯為「覺者」，即覺醒的人，已達到覺悟狀態者。歷史上的佛陀是悉達多‧喬達摩 (Siddhatta Gotama)。

②這是阿姜查常用的關鍵字，英譯本常將它譯為「the knowing」或「the one who knows」，中文可譯為「覺知者」或「覺性」。意指在無明或煩惱的影響下，它錯誤地覺知；但是，透過八正道的修行，它就是覺者（佛陀）的覺悟。

③法 (Dhamma)：事物的實相；佛陀的教導，內容為揭示實相，以及闡述讓人證入它的方法。

④入流（須陀洹）：是指斷除身見、疑、戒禁取三種煩惱，而進入聖者之流者，是聖者的最初階段者。成為此聖者之後，就永不再墮入地獄、餓鬼、畜生，至多生於欲界七次，其後必定得正覺而般涅槃。

⑤一來（斯陀含）：於須陀洹後，部分地斷除欲界貪、瞋、痴煩惱，再生到欲界一次，之後即成為阿那含或阿羅漢，

⑥不來（阿那含）：於斯陀含之後，再斷除瞋恚、欲貪二種煩惱，至此階段完全斷除欲界的煩惱，不再生於欲界，必定生於色界或無色界，在此處獲得最高證悟，或從欲界命終時，直接證得阿羅漢果。

⑦阿羅漢：聖者的最高果位，於阿那含斷除欲界煩惱後，阿羅漢再斷除色貪、無色貪、慢、掉舉、無明等五種色界與無色界的煩惱，獲得最終解脫，而成為堪受世間大供養的聖者。

⑧正念 (sati)：「念」是將心穩定地繫在所緣上，清楚、專注地覺察實際發生於身上、身內的事，不忘卻也不讓它消失。正念是八正道的第七支，有正念才能產生正定；它也是七覺支的第一支，為培育其他六支的基礎；也是五根、五力之一，有督導其他四根、四力平衡發展的作用。

⑨正知 (sampajañña)：即清楚覺知，通常與正念同時生起。正知共有四種：（一）

有益正知：了知行動是否有益的智慧；（二）適宜正知：了知行動是否適宜的智
慧；（三）行處正知：了知心是否不斷地專注於修止、觀業處的智慧；（四）不
痴正知：如實了知身心無常、苦、無我本質的智慧。

⑩定 (samādhi)：音譯為「三摩地」、「三昧」，意譯為「正定」、「等持」。即心完全專
一的狀態，將心和心所平等、平正地保持在同一個所緣上，而不散亂、不雜亂。

⑪Bud-dho是用來方便持念的咒語，是由Buddha（佛陀）轉化而來，在泰國一般被
拿來作為禪修的所緣。

⑫五蘊 (khandha)：「蘊」意指「積集」，五蘊即指構成人身、心的五種要素：（一）
色蘊：色即物質，包括四大種及其所造色。（二）受蘊：受即感受，包括眼觸等
所生的苦、樂、捨等感受。（三）想蘊：想即思想與概念，是通過眼觸等對周遭
世界的辨識，包括記憶、想像等。（四）行蘊：行即意志的活動（心所法），包
括一切善、惡的意志活動。（五）識蘊：識即認識判斷的作用，由六識辨別六根
所對的境界。以上色蘊屬於色法，受、想、行、識蘊則屬於心法。

⑬慧 (Paññā)：音譯「般若」，係指對實相的了解與洞見。

⑭「八正道」又稱為「八聖道支」，是成就聖果的正道，也是能入於涅槃的唯一法
門，有八種不可缺少的要素：正見、正思惟、正語、正業、正命、正精進、正
念、正定。其中正語、正業、正命屬於戒學；正精進、正念、正定屬於定學；正
見、正思惟屬於慧學。

⑮「隨信行者」是以信仰為主而獲得初步證悟者，它相對於依理論而得初步證悟的
「隨法行者」，兩者皆是從凡夫到聖人的最初證悟——須陀洹。隨信行者所得的證
悟稱為「不壞淨」，得此淨信者，絕對不會從佛教信仰退轉而改信其他宗教。

⑯「不壞淨」是絕對而確實的金剛不壞的淨信，共有四項：對佛、法、僧三寶絕對
皈依的信，以及對聖戒的絕對遵守，稱為「四不壞淨」。

阿姜查的禪修世界

第一部

【第一章】與「法」同住世間

　　大部分的人仍不知禪修的本質，他們認為行禪、坐禪與聞法即是修行。那也沒有錯，不過這些都只是修行的外在形式。

　　真正的修行，發生在心遇到感官對象時，感官接觸的地方才是修行的所在。當他人說到我們不喜歡的事時，瞋恨便生起；若說的是喜歡的事，我們便感到快樂。這就是修行的所在，我們應如何利用它們來修行呢？這才是重點。若只是一味地追逐快樂、逃避痛苦，我們可能至死都見不到「法」。當歡樂與痛苦生起時，如何運用佛法而從中解脫呢？這才是修行的要點。

哪裡有迷妄
哪裡便有平靜

　　當人們遇見不如意事時，通常會封閉自己。例如受到批評時，可能會回答：「別煩我！為什麼責備我？」這是封閉自我者的反應，而那正是修行之處。當他人批評時，我們應該聆聽，他們所說是真的嗎？我們應該敞開心胸去思考他們所說的話，也許其中是有意義的，或我們自身確實有值得批評之處。他們可能是對的，但我們當時的反應卻是惱怒。當他人指出我

們的過錯時，我們應心懷感激，並努力改進自己，這才是智者的作風。

哪裡有迷妄，哪裡便會有平靜生起；當以智慧洞察迷妄時，留存的就是平靜。有些人非常自大，無法接受批評，且還會反唇相譏，這尤其常見於大人應付小孩時。事實上，小孩有時可能會提出聰明的見解，但若你正好是他們的母親，將無法讓步。若你是老師，學生有時會說些你不懂的事，但你會因身為老師而聽不進去。這不是「正思惟」①。

有智慧的人
不盲目相信

舍利弗尊者——佛陀的十大弟子之一，他非常有智慧。有次佛陀正在說法時，突然轉而問他：「舍利弗，你相信這點嗎？」舍利弗回答：「不！我還未相信。」佛陀讚嘆他的回答：

很好，舍利弗！你是具有智慧者，是不盲目相信的智者。智者以開放之心聆聽，然後衡量其真實性，再決定是否相信。

在此佛陀樹立了教師的典範。舍利弗所說是真實的，他只是

說出自己真實的感受。對某些人而言，若說不相信，就會被視為質疑教師的權威，因此不敢說而只會附和與同意。但佛陀並不以為忤，他說你無須為不是錯誤或邪惡的事感到羞恥，對不相信的事表示不相信，這並沒有錯。佛陀在此的作為，對身為人師者提供了很好的示範。有時你也可能從小孩的身上學到東西，不要盲目執著於權威的身分。

以開放的態度
對待一切事物

無論行、住、坐、臥，你都可能從身邊的事物學習。以一種自然的方式學習，採取開放的態度對待一切事物——色、聲、香、味、觸、法，智者會思惟這一切。在真實的修行中，我們將做到不使內心再為任何掛念而苦惱。

當喜歡和厭惡的感覺生起時，若我們仍無法覺知，心裡就會有焦慮。若知道它們的實相而省察：「哦！喜歡的感覺是空的，它只是種生滅無常的感覺；厭惡的感覺也同樣生滅不已，為何要執著它們呢？」若認為歡樂與痛苦都屬於我們，就免不了煩惱。問題就如此輾轉相生而永無止盡，大多數人的世界就是如此。

但現在老師們在教導「法」時很少談到心，也不談實相，若我們說實相，他們甚至會生氣說：「他不知道適合的時間與地點，也不知如何婉轉地表達。」但人們應該聆聽實相，真正的老師不會只談記憶，而應該說實相。社會上的人通常都根據記憶在說話，也常以自吹自擂的方式說話。真實的比丘不會如此，他說實相——事物的本來面目。

真了解如何修法
出家與否並不重要

若你了解「法」，就應照著修行，不一定要出家，雖然那是修行的理想形式。真的想修行就必須出離迷妄的世間，放棄家庭與財產，進入森林，這是理想的修行方式。但若還有家庭與責任，我們應如何修行？有人說在家人不可能修習佛法。但是請想想，出家人或在家人哪一個團體比較大？當然是在家人的要大得多。現在，若只有出家人修行而在家人不修，那意味著將會有更多的迷妄。這種理解是錯誤的，是否成為比丘或比丘尼並非重點！若不修行，成為比丘並無任何意義。若真了解如何修法，那麼無論處於什麼地位或從事何種行業，不論是老師、醫師、公務員或其他身分，都能善用每一分鐘去修行。

認為在家人無法修行，這是完全迷失正道的。為何人們能找到做其他事的動機？若覺得有所欠缺，他們就會努力去得到它。只要有充分的欲望，就可以做任何事。有人說：「我沒有時間修行。」我說：「那你怎麼有時間呼吸？」修行，不是你必須大費周章或疲於奔命的事，只要留意心中生起的感受。當眼見色、耳聞聲、鼻嗅香時，它們都來到這同一個心——「覺知者」。現在，當心認知這些事物時，發生什麼事？若我們喜歡就會愉悅，若不喜歡就會不悅，一切的反應就是如此。

因此在這世上，你應該向何處尋找快樂？你期望這輩子人人都只對你說愉悅的事嗎？那可能嗎？若不可能，你能到哪裡去？這個世界就是如此，我們必須要能「世間解」②——了知這世間的實相，我們應該清楚了解世間。佛陀生在這世上，經歷過家庭生活，但因看見它的限制而從中出離。現在，身為在家人的你應該怎麼做？若想要修行，就必須努力遵循解脫之道。若堅持修行，你就會了解這世間的限制而能放下。

不了解戒律
修行無結果

喝酒的人有時會說：「我就是戒不掉。」為何戒不掉呢？因

為他們還不了解喝酒的弊害。若你不了解其弊害，就意味也不知戒酒的利益，修行將毫無結果，只是以遊戲的態度在修行。但若你清楚地看見它的利弊，就無須等待別人告訴你它的一切。

想想發現筌中有魚的漁夫的故事，他曉得裡面有東西，能聽到牠拍動的聲音。他以為那是一尾魚，便把手伸進筌裡，卻發現那是另一種動物。他看不到牠，心中便揣測牠可能是鰻魚③或是蛇。若丟掉可能會後悔，因牠可能是鰻魚；若是蛇的話，去捉就可能被咬。他陷入疑惑中，但欲望如此強烈，因此便伸手去捉，期望牠是鰻魚。然而，當他取出的那一刻，看見皮上的花紋，立刻就拋開牠。他不必等人呼叫：「那是蛇，快放手！」看見蛇的那一幕比別人的警告更加管用。為什麼？因為他看見危險──蛇會咬人！還需要別人告訴他要放手嗎？同樣地，若能修行直到看清楚事物的實相，我們就不會再與有害的事物糾纏不清。

只談不老和不死
培養不出正確的修行觀

人們通常不如此修行，不反省老、病與死，而只談不老與不

死，因此培養不出正確的修行觀。他們前去聞法，但並未真的聆聽。有時我應邀在重要集會開示，但那經常對我造成干擾，當我看聚集的人群時，我了解他們並未在聞法。有人滿身酒味，有的在抽煙或聊天，看起來絲毫不像是信仰佛法的人。在這種地方講話，成效可說微乎其微。那些放逸者心想：「他到底要講到什麼時候？這不能做，那不能做……」他們完全心不在焉。

有時他們甚至為了客套而邀請我講話：「法師，請給我們一段簡短的開示。」他們不希望我談太多——那可能會惹惱他們！我一聽到這麼說，就知道他們並不想聽聞佛法，那會惹惱他們。若我只說幾句話，他們是不會了解的；若你只吃很少的食物，那會飽嗎？

有時當我正在講話，才剛準備進入主題，就會聽到一些醉漢在大喊：「好了！讓路！給法師讓路，他現在要走了！」試圖將我趕走！遇見這種人，提供我很多省思的食糧，讓我更加洞悉人性。就如瓶子已裝滿水，人卻還要求更多，瓶子已無空間再容納，倒再多水也只會無效地溢出來。這種人不值得浪費時間與精力去教導，因為他們的心已經滿了。當人提不起精神來接受時，我也提不起精神去給予；若他們的瓶子還有空間裝更

多的水，則施者與受者都會獲得利益。

現在的開示慢慢變成這樣，情況仍一直在惡化中。人們並不追求實相，他們研讀只是為了尋找能謀生、養家活口與照顧自己的知識，是為了生計而研讀，並非為了「法」。現在的學生比過去擁有更多知識，生活條件也比以往更好，每件事都更方便，但同時也擁有更多的迷妄與苦惱。為何會如此？因為他們只追求那種謀生的知識。

甚至比丘們也是如此。有時我聽到他們說：「我不是為了修法而出家，我是為了研究而成為比丘！」這些話是徹底自斷修行之道，那是條死路。這些比丘只是根據記憶在教導，他們可以教一件事，心卻在另一個完全不同的地方，這種教導是不真實的。

世間的情況就是如此。若你想單純地生活，想修法與平靜地生活，他們會說你怪異、反社會或阻礙社會進步，甚至會脅迫你。最後，你可能會開始相信他們，而重新回到世俗的方式，一步步陷入世間，直到求出無門。有些人說：「我現在出不去，我已陷得太深！」這就是社會的趨勢，它不認同「法」的價值。

戒

了悟「法」即了悟自心

「法」的價值無法從書本中找到，那些都只是「法」的外表，它們並非個人對於「法」的體悟。「若你了悟『法』，就了悟自己的心」，你在那裡看見實相，當實相清楚地顯露時，愚痴之流即被斬斷。

佛陀的教導是種不變的實相，他在兩千五百年前就揭露了這實相，它一直都未改變。這教導不該被增刪，佛陀說：「凡是如來所制定者，不應該被捨棄；不是如來所制定者，也不應該被增加。」他將教法封鎖起來。為何佛陀要將它們封鎖起來呢？因為這些教法是漏盡者所說，無論這世界如何改變，教法都不會受影響而隨之改變。若某件事是錯誤的，談論它就能減少其錯誤嗎？若某件事是正確的，它會因別人說它錯而改變嗎？世代會交替，但這些教導不會改變，因為它是實相。

現在我們要問，是誰創造實相？實相本身創造實相！佛陀創造了它嗎？不，他沒有。佛陀只是發現實相——事物的本來面目，然後率先說出，無論佛陀出世與否，實相始終是真實的。在這層意義下，佛陀只是「擁有」法，並非真的創造出它，法一直都在這裡，不過以前無人尋找並發現。佛陀是尋找並發現

不死④，然後再以「法」為名教導它的人，他並未創造它。

實相從未離開
「法」也沒消失

在歷史上，實相曾顯耀，「法」的修行也曾盛行。時光荏苒，世代更迭，修行逐漸沒落，直到教法完全消失。一段時間後，教法再次被發現與盛行，其追隨者與日俱增，進入輝煌時期。然後，再次屈服於世間的黑暗之下而衰退，幾至蕩然無存，迷妄再次獲勝，接著又是重建實相的時間。事實上，實相從未離開，諸佛去世後，「法」並未隨之消失。

世間如此周而復始。它有點像芒果樹，會經歷成熟、開花與結果的階段。它們腐爛後，種子掉落地上，長成一棵新的芒果樹，循環又重新開始。世間就是如此，不會偏離軌則，它只是周而復始，舊調重彈。

我們現在的生命也是如此，今天只是在重複過去做過的事。人們想太多了，他們有那麼多感興趣的事，卻一事無成。其中有數學、物理、心理等科學，你可以隨意鑽研，但唯有在覺悟實相後，事情才會結束。

想像牛拖著牛車，當牛前進時，車輪便會留下車轍。車輪也

許並不太大，但沿路會留下長長的車轍。當牛車靜止時觀察它，你看不到什麼，一旦牛開始移動，就會看到身後留下的車轍。只要牛往前拉，輪子就會持續轉動，但有天牛累了，掙脫牛軛走開，獨剩牛車，車輪不再轉動。最後，牛車腐朽了，零件重新回到地、水、火、風四界⑤。

當在世間尋求安穩時，你的車輪不停轉動，車轍也會在身後無限延伸。只要遵從世間，你就無法停下來休息。若就此打住，車子就會停止，車輪也不再轉動。造作惡業就是如此，只要重蹈覆轍，就不可能停止；但若你停止，它就會停止。這就是我們修行的方式。

【注釋】

①正思惟：指正確的思惟，包括離欲、無瞋、無害等三個層面的思惟。

②世間解 (lokavidū)，又作「知世間」，為佛十號之一。即佛能了知眾生、非眾生兩種世間的一切，既了知世間之因、世間之滅，也了知出世間之道。

③鰻魚在泰國某些地區被視為珍饈。

④不死：即指涅槃。

⑤四界是地界、水界、火界、風界，這些是色法不可分離的主要元素，在它們的組合之下，造成小至微粒子，大至山嶽的一切色法。這四大元素因「持有自性」，故稱為「界」。

【第二章】使心變好

　　現在，人們四處求功德①，似乎總是會於往返的路程間在巴蓬寺②短暫逗留。有些人行色匆匆，我甚至連和他們見面說話的機會都沒有。多數人都是來求功德，我很少看到他們前來尋求斷惡之道。他們急於得到功德，卻不知該將它擺在哪裡，猶如想為髒布染色，卻不先清洗它一樣。

　　雖然比丘們如此直言不諱，但對多數人而言，卻不知如何將這類教導付諸實踐。之所以困難，是因他們不懂，若能了解就會比較容易。想像有樣東西在洞底，伸手搆不到底的人可能會說洞太深，成千上百的人伸手進去可能都會如此說，卻沒有人會說是自己的手太短了！

　　這些求功德者遲早都必須開始尋找斷惡之道，但很少人對它有興趣。佛陀的教導如此簡潔，多數人都忽略了它，就如他們經過巴蓬寺一樣。對多數人而言，「法」只不過是個中途休息站而已。

不肯斷惡
永遠求不到功德

這是諸佛的教導，只有三行字。第一行是「諸惡莫作」③——斷一切出於身、口、意，無論大小之惡，這是諸佛的教誡、佛教的核心，但人們老是忽略它，他們不想要這個。

　　若要染布，必須先清洗它，但多數人不這麼做，無視於布料的情況，直接把它浸入染料中。若是塊髒布，取出後反而會比先前更糟。想想看！染塊骯髒的舊破布，效果會好嗎？

　　你了解嗎？這就是佛教的教導，但多數的人都忽略它。他們只想做好事，而不想斷除惡行。猶如只會說洞太深，而不檢討自己手太短一樣。我們必須反求諸己，根據這教導，你必須退一步反省自己。

　　有時他們藉由搭車求功德，甚至可能在車上爭吵或喝醉。問要去何處，他們會回答說要去求功德。他們想要功德，卻不肯斷惡，因此永遠求不到功德。

　　人們就像這樣，你必須看好自己，佛陀教導我們，在任何情況下都要保持正念、正知。惡行從身、口、意生起，一切善、惡、福、禍都存在於行為、言語與思想裡。這是你必須觀察的地方，就在這裡，看看自身的作為是否正確，而無須搭車到遠處求功德。

　　人們並不真的在乎這些，就如家庭主婦板著臉洗盤子一樣，

她只是急於洗盤子，而未覺察自己的心並不清淨！她看得太遠了，不是嗎？人們如此在意洗盤子，卻放任心變髒。這並不好，他們正在遺忘自己。

及時看見自己就可停止作惡

因為不了解自己，人們可能犯下各種惡行。當他們計畫作惡時，會先環顧四周，觀察是否有人注意。「媽媽會看到我嗎？」「先生會看到我嗎？」「孩子們會看到我嗎？」「太太會看到我嗎？」若無人注意，就會放手去做。他們是在侮辱自己，自以為沒有人注意，趁別人看到之前趕快做完這件事。但他們自己算什麼呢？難道不是「某個人」嗎？

你了解嗎？他們如此輕視自己，所以永遠無法發現真實的價值，找不到「法」。若你看著自己，就會看見自己。每當作惡時，若能及時看見自己，你就可能停止。若希望做些有意義的事，就看著自己的心。若知道如何看自己，就會知道對錯、禍福與善惡了。

這些事若我不說，你不會知道自己的心中有貪與痴。若你一直向外看，就不會知道任何事，這是不知自省的麻煩。向內

看，就會看見善惡，看到善法，就可以記住它，並照著修行。

斷惡、修善是佛教的核心，諸惡莫作——無論經由身、口或意。那是正確的修行，佛陀的教法。然後，「我們的衣服」就會乾乾淨淨。

若心是善良與正真的就會微笑

接下來是「眾善奉行」。若心是正直與善巧的，就無須搭車四處求功德，即使坐在家裡，也能獲得功德。多數人只是四處求功德，而不肯斷除諸惡，兩手空空地回到家裡，又回復原先的臭臉，故態復萌地板起臉洗盤子。人們就是不願向內看，因而離功德愈來愈遠。

我們可能知道這一切，但若非真的知道它在我們裡面，佛教就不會進入內心。若心是善良與正直的，它就是快樂的，心中也會有微笑，但多數人卻很難找到時間微笑，我們能嗎？我們只有在事情稱心時才笑得出來。

大多數人的快樂是建立在事事稱心如意上，他們必須讓世上每個人都只說令人愉快的事，但每個人是否可能都如此做呢？若那是你想要的方式，怎麼可能找到快樂？我們怎麼可能讓別

人每天都只說我們喜歡的事呢？那可能嗎？即使是自己的小孩，他們是否曾說過觸怒你的話呢？你曾傷過父母的心嗎？不只是其他人，甚至連自己的心也可能攪亂我們。

有時我們考慮的事是令人不悅的，你能怎麼辦？你可能正獨自走路，突然間摔了一大跤，哎喲喂呀！問題出在哪裡？到底是誰絆倒了你？你能怪誰？那是你的錯，連自己的心也可能得罪我們。若仔細想想，你將了解這是真的。有時我們會做連自己都不喜歡的事，你只能說：「該死！」沒人可以責怪。

我們必須使用「法」來尋找快樂。無論它是什麼，不論是對或錯，不要盲目執著它，只要注意它，然後放下它。當心自在時，你就能微笑；一旦你討厭某樣事物，心就變壞，然後沒有一件事是好的。

覺知心
就可以獲得清明

自淨其意：心斷除惡垢之後，就不再有煩惱——平靜、慈悲與正直。心恢復光明與斷惡後，隨時都有自在，平靜祥和的心是人類成就的真實表徵。

佛教中的功德，是斷一切惡。惡法斷除後，就不再有任何壓

力，壓力消除後，心就會安定下來。安定的心是清淨、明亮的心，不會夾雜瞋念。

你如何讓心清明呢？只要覺知它即可。例如，你可能心想：「今天我的心情真是糟透了！看到的每樣東西都在招惹我，即使櫥櫃裡的盤子也一樣。」你可能有種想把它們全都砸碎的衝動。你看到的所有東西都很糟糕，雞、鴨、貓、狗──你憎恨這一切。丈夫說的每件事都讓你討厭；甚至連看自己的心也覺得不滿。在這種情況下，你怎麼辦呢？這苦惱出自何處？這就稱為「無功德」。今日在泰國有種說法，人死後功德便隨之結束。但事實不然，有許多還活著的人早已無功德了。

進行這種「作功德」之旅，就如建造華廈卻未事先整地一樣，那座房屋不久後就會倒塌，對嗎？那個地基不好，你必須用另一種方式再試一次。你必須針對身、口、意的過失，自我檢討。你還能往別處去修行嗎？人們迷失了，他們想到一個真正平靜的地方，如森林裡或巴蓬寺修法。巴蓬寺平靜嗎？不！它並非真的平靜，真正平靜的地方是在你自己家裡。

若有智慧
就能無憂無慮

　　若你擁有智慧，無論到哪裡都能無憂無慮。整個世界原本就很好，森林裡的樹都有各自的好，有高的、矮的、空心的等各式各樣，它們就是那個樣子。但我們忽略它們的真實本質，將自己的想法強加在它們身上：「這棵樹太矮了！」「這棵是空心的！」那些就只是樹，它們的情況比我們都要好。

　　所以我要將這些小詩掛在樹上④，讓它們來教導你們。你們有從它們那裡學到東西嗎？你們應該試著至少學到一件事。有這麼多的樹，它們每個都有東西可以教導你們。「法」無所不在，它存在於一切自然事物中，你應該了解這點。不要埋怨洞太深，回過頭來看看你自己的手臂吧！若了解這點，你就會真的快樂。

　　若你們有行善或修福，把它存放在心裡，那是保存它最好的地方。你們今日所做（供養僧眾）是很好的修福方式，但並非是最好的；布施建寺也是很有功德的事，不過也不是最好的。建設你自己的心，使它成為善的，才是最好的方式。無論你來這裡或待在家裡，只要那樣做，在你的心裡都能找到這個美善。如這座講堂的外在建物，只是樹的表皮，而非樹心。

戒

若無智慧
善也會變成惡

　　若你們有智慧，放眼望去一切都是「法」；若無智慧，即使是善也會變成惡。這個惡來自何處？不是別處，就源自於自己的心。看看這顆心的變化有多大！一對夫妻平時相處融洽，彼此能快樂地交談，但有天鬧彆扭時，對方講的每句話似乎字字都很刺耳。心轉惡了，它也就跟著變了，事實就是如此。

　　因此，想要斷惡與修善，無須去其他任何地方。若心轉惡，不要牽扯別人，只要看你自己的心，找出這些想法來自何處。心為何會想這種事？明白一切事物都是短暫的，愛是短暫的，恨也是如此。

　　你愛過自己的小孩嗎？當然愛過；你恨過他們嗎？我可代你們回答，也恨過，你有時會恨他們，不是嗎？但你不能拋棄自己的小孩，你能嗎？為何不能？孩子們並不像子彈⑤，不是嗎？子彈是筆直地往前發射，但孩子卻會射回父母的心坎裡。若孩子是好的，它會回饋父母；若孩子是壞的，它也會回饋給父母。你可以說孩子是業——你的業，業有好壞，兩者皆在孩子身上。

　　不過，即使他們是壞的，也是珍貴的，有人可能生來就是小

兒麻痺、跛腳或畸形，卻比其他小孩都更獲得疼愛。當你暫時離家時，必須特別交代：「照顧最小的，他不是那麼強壯。」你愛他勝過其他小孩。

想建設自己的心
就要認清自己的業

所以，你應該好好建設自己的心——半愛、半恨，不偏向任何一方，永遠都要心存兩者。孩子是你的業，他們和其擁有者是相稱的，他們是你的業，你必須負起責任。若他們真的帶給你痛苦，只要提醒自己：「那是我的業。」若他們令你高興，也只要提醒自己：「那是我的業。」有時你在家裡感到很挫折，一心只想逃開，更糟的是有人甚至想上吊自殺！這都是業，我們必須接受事實。避免作惡，會讓你更看清楚自己。

所以，思惟是如此重要。通常當人禪修時，他會使用諸如Bud-dho（佛）、Dham-mo（法）或San-gho（僧）⑥為禪修的所緣，但你甚至可用一個更短的。每次當你惱怒或心情很差時，只要說：「So！（如此而已）」當你覺得不錯時，只要說：「So！原來它並非一成不變。」若你愛某人，只要說：「So！」當你感到憤怒時，只要說：「So！」你了解嗎？你不

必鑽到三藏⑦中去尋找。

只要說：「So！」意思是「它是短暫的」。愛、恨是短暫的，善、惡也是短暫的。它們怎麼可能是永恆的？其中有永遠不變的東西嗎？

停止心中的憤怒
只要一句「So！」

在「它們必然是無常的」這點上，你可說它們是常的。在這方面它們是確定的，永遠不會有例外。前一分鐘還是愛，後一分鐘變成恨，事情就是如此。在這個意義下，它們是常的。所以我說當愛生起時，只要說：「So！」那會省下很多時間，你無須說：「無常、苦、無我。」若你不想要一長串的禪修主題，只要用這個簡單的字即可。若愛生起，在尚未真的迷失於其中之前，只要告訴自己：「So！」這就夠了。

每件事都是短暫的，在總是無常這點上，它是常的。只要了解這麼多，就是了解「法」──真實法──的心要。

現在，若每個人都更常說：「So！」並如此投入訓練，貪著就會減少。人們不會再那麼執著愛與恨，或再貪著事物，就可以把信心放在實相，而非其他事物上。只要了解這麼多就夠

了，還需要知道什麼其他的呢？

聽完這個教導，你應該試著牢記在心。應記得什麼呢？禪修。你了解嗎？若你了解，「法」也與你相應，心就會「停止」。若心裡有憤怒，只要一句「So！」就夠了，它立刻就會停止。若你還不了解，就更深入觀察那件事。若了解後，當心裡生起憤怒時，就可以用一句「So！」把它關掉。

今天，你們都有機會從內在與外在兩方面收錄佛法。內在的是聲音透過耳朵被錄在心裡，若無法如此做，你在巴蓬寺的時間就空過了。至於錄音帶則不是那麼重要，真正要緊的是心裡的「錄音機」。錄音機會損壞，若「法」真的進到心裡，它不會變壞，只會一直存在，且還不用花錢買電池！

【注釋】

①「求功德」是常見的泰國片語，是種到寺廟禮拜法師並行供養的泰國習俗。

②巴蓬寺 (Wat Pah Pong) 是阿姜查四十歲時（1959），在泰國烏汶省 (Ubon Ratchathani) 其出生村落旁的巴蓬 (Phong Pond) 森林裡，所創立的森林道場，阿姜查是該寺的住持。

③諸惡莫作 (sabba pāpassa akaraṇaṃ)、眾善奉行 (kusalassūpasaṃpadā)、自淨其意 (sacittapariyodapanaṃ)，這些話出自於「波羅提木叉教誡」(Ovāda Pāṭimokka)，並形成《法句經》的183-185頌。

④在巴蓬寺裡的樹上，經常懸掛著一塊塊的木板，上面寫著能發人深省的優美文句。

⑤這是個文字遊戲。泰語luuk意指「小孩」，而luuk peun字面的意思是「槍的小孩」，就是子彈。

⑥Bud-dho、Dham-mo、San-gho是用來方便持念的咒語，是由Buddha（佛陀）、Dhamma（法）、sangha（僧）等聲轉化而來，在泰國一般被拿來做為禪修的所緣。

⑦三藏 (Tipiṭaka) 即指巴利律、經、論三藏。律藏包含比丘與比丘尼戒，以及僧團運作的條規。經藏是收集佛陀四十五年弘法的教導。論藏是佛陀入滅後，早期在印度舉行的三次聖典結集時所編，是有系統地將佛法分門別類並作詮釋的聖典。

【第三章】感官接觸——智慧的泉源

真正的平靜
在我們內心

　　為了找到平靜，我們已下定決心成為佛教中的比丘和沙彌。那麼，什麼是真正的平靜呢？

　　佛陀說，真正的平靜並不遠——它就在我們的內心！但我們卻長久忽視它。人們渴望獲得平靜，卻始終感到迷妄和不安。他們一直對自己缺乏信心，且無法從修行中獲得滿足。猶如我們離家四處旅行，但只要還未回家，就不會感到滿足，而仍有未完成的事需要費心。這是因為旅程還未結束，我們尚未到達最後的目的地。

　　所有比丘與沙彌，我們每個人都希望平靜。當我年輕時，四處尋找它，無論到哪裡都無法滿足。我進入森林行腳，參訪各類老師聆聽開示，都無法從中獲得滿足。

　　為何會如此？我們在極少接觸色、聲、香、味的環境尋找平靜，相信安靜地生活能令我們滿意。但事實上，若我們在不受干擾的地方，非常安靜地生活，能生起智慧嗎？我們能覺知到

什麼？仔細想想，若眼不見色，那會是什麼情況？若鼻不嗅香，舌不嘗味，身無觸受，那會是什麼情況？那情況就如盲、聾之人，鼻子與舌頭失靈，且身體完全麻痺失去知覺。那裡有任何東西存在嗎？然而人們卻還固執地認為，只要到沒有任何事情發生的地方，就能找到平靜。

放下
不是什麼都不做

當我還是個年輕比丘，剛開始修行時，坐禪便會受到聲音的干擾，我自問：「該怎麼做才能讓心平靜下來？」於是我拿了一些蜜蠟將耳朵塞起來，如此就聽不到任何聲音，只剩下嗡嗡嗡的殘響。我以為那樣會比較平靜，但並非如此，所有的思考與迷妄根本不是從耳朵生起，而是從心生起，那才是找尋平靜的地方。

換句話說，無論待在哪裡，你都不想做任何事，因為那會妨礙修行。你不想掃地或做任何工作，只想坐著不動來尋找平靜。老師要求你幫忙做些雜務或日常執事，你並不用心，因為覺得那些都只是外在的事。

我有個弟子，他真的很努力「放下」以追求平靜。我曾教導

「要放下」，他認為只要放下一切事物，便可獲得平靜。從來這裡的那天起，他就不想做任何事，即使大風吹走他茅篷的半邊屋頂，也絲毫不在意。他認為那只是外在的事，因此不想費心去修理，當陽光或雨滴從一邊灑進來時，就挪到另一邊去。他唯一關心的是讓心平靜，其他的事都只會讓他分心。

有天我經過那裡，看見傾頹的屋頂。「咦？這是誰的茅篷？」我問。有人告訴我是他的，我心想：「嗯！奇怪。」因此便找他談話，對他解釋許多事，如「屋舍儀法」（senāsanavatta）——比丘對住處的相關義務。「我們必須有個住處，且必須照顧它。『放下』並非如此，它不是要逃避我們的責任，那是愚蠢的行為。雨從這邊下來，你就移到另一邊，陽光照進來時，你又再移回這邊，為什麼要這樣？你為什麼不乾脆連那裡也放下？」我在這上面為他上了頗長的一課。

當我結束時，他說：「哦！隆波①！有時你教我執著，有時又教我放下，不曉得你到底要我怎麼做。甚至當屋頂塌了，我都能放下到這種程度，你還是說這樣不對，可是你教我們要放下啊！我不知道你還指望我怎麼做。」

有些人就是可以如此愚蠢！

戒

每件事物
皆可用來修行

　　若我們如實覺知眼、耳、鼻、舌、身、意六根，那麼它們都是生起智慧可用的素材。若我們無法如實覺知它們，就會否定它們，宣稱不想見色或聞聲，因我們會受到干擾。若切斷了這些因緣，我們要憑藉什麼進行思惟呢？

　　因此，佛陀教導我們要防護，防護即是「戒」。有防護感官的戒②──眼、耳、鼻、舌、身、意──這些都是我們的戒和定。

　　想想舍利弗的故事，在他成為比丘之前，有次看見馬勝（Assaji，音譯為「阿說示」，五比丘之一）長老正在托缽，心想：「這出家人如此不凡，走路不疾不徐，衣著整潔，威儀莊嚴。」舍利弗受到鼓舞，趨上前去致敬並問道：「抱歉，長者！請問你是誰？」

　　「我是一位沙門③。」

　　「你的老師是誰？」

　　「我的老師是喬達摩尊者。」

　　「喬達摩尊者教導什麼？」

　　「他教導一切事物都從因緣生，當因緣滅時，就隨之息

滅。」

　　當舍利弗問法時，馬勝比丘給了他這簡短的關於因果的解釋。「諸法因緣生，有因才有果；若是果息滅，必是因先滅。」他雖然只說了這些，但對舍利弗而言已經足夠。④

　　這是一個佛法生起的因，那時舍利弗六根具足，擁有眼、耳、鼻、舌、身、意，若無感官，他會有足夠的因以生起智慧嗎？能覺知任何事嗎？但多數人都害怕感官接觸，無論害怕或喜歡，我們都未從中發展出智慧，反而透過這六根放縱自己，貪圖感官享受並迷失於其中。這六根可能誘使我們享樂與放縱，也可能引導我們獲得知識與智慧。

　　因此，我們應該把每件事物都拿來修行，即使是不好的事。當談到修行時，我們不只指針對美好或令人愉悅的事，修行並非如此。在這個世上，有些事物我們喜歡，有些則否，通常我們想要喜歡的，即使對同修的比丘與沙彌也一樣。我們不想和不喜歡的比丘或沙彌交往，只想和喜歡的人在一起。你了解嗎？這是依自己的喜好在做選擇。通常只要是不喜歡的，就不想看見或了解，但佛陀希望我們去體驗這些事，「世間解」──看著這世間並清楚地覺知它。

　　若無法清楚覺知世間的實相，我們將無處可去。活在這世

上，就必須了解這世間，包括佛陀在內的過去的聖者，都與這些事物一起生活。他們活在這個世上，在凡夫之中，就在這裡達到實相，而不在他處。但他們有智慧，能防護六根。

一直逃避
智慧無從生起

防護並非意指不看、不聽、不聞、不嘗、不觸或不想任何事，若行者不了解這點，一旦見聞到什麼，就退縮逃避，以為只要這麼做，那件事最後就會喪失控制的力量，然後他們就能超越它。但往往事與願違，他們根本無法超越任何事。若他們逃避而未了知實相，相同的事不久仍會生起，一樣得再面對。

例如那些永不滿足的行者，在寺院、森林或山中受持頭陀支(Dhutanga) ⑤，他們到處行腳，東看看、西瞧瞧，認為如此就能獲得滿足。他們努力爬上山頂：「啊！就是這裡，現在我沒問題了。」感到幾天的平靜後，就對它厭煩了。「哦，好吧！下山到海邊去。」「啊！這裡既舒適又涼快，在這裡修行一定很好。」不久後，他又對海邊感到厭倦。對森林、山頂、海邊厭倦，對一切厭倦。這並非正見⑥，不是厭離⑦的正確意義，而僅僅是感到乏味，是一種邪見。

當他們回到寺院：「現在，我該怎麼做？每個地方都去過了，卻一無所獲。」因此他們棄缽、卸袍而還俗去了。為何要還俗？因為他們不了解修行，不曉得還有什麼事可做。他們去南方、北方、海邊、山頂、森林，仍不了解任何事，因此結束一切，他們便「死」了。事情的演變就是如此，因為他們一直逃避事物，智慧便無從生起。

從心裡跳脫
不是逃避面對事情

　　再舉另外一個例子。假設有個比丘，下定決心不逃避事物，要勇敢面對它們。他照顧自己，並了解自己和他人，持續努力地解決各種問題。假設他是位住持，經常得不斷面對需要注意的事物，人們一直來詢問，因此必須時常保持覺醒。在可以打瞌睡之前，他們就會再用另一個問題喚醒你。這讓你能思惟、了解所面對的事物，你變得會以各種的善巧方式處理自己與別人的問題。

　　這技巧從接觸、面對、處理與不逃避事情中生起，我們不是以身體逃避，而是使用智慧，從心裡跳脫，靠當下的智慧而了解，不逃避任何事。

戒

這是智慧的源頭，每個人都必須工作，必須和其他事物聯繫。例如，住在大寺院中都必須幫忙處理事情，從某個角度看它，你可能會說那些都是煩惱。和許多比丘、比丘尼、沙彌住在一起，在家眾來來去去，可能會生出許多煩惱。但為了增長智慧、斷除愚痴，我們必須如此生活。我們要選擇哪一條路？是為了消除愚痴，或為了增加它而生活？

苦所在之處
即不苦生起之處

我們必須深入思惟。每次當眼、耳、鼻、舌、身、意根接觸外境時，我們都應該鎮定與審慎。當苦生起時，是誰在受苦？為何苦會生起？寺院的住持必須管理眾多弟子，這可能會造成痛苦。若我們因害怕痛苦而不想面對，要如何與它戰鬥呢？若不知痛苦生起，我們要如何解決它呢？

跳脫痛苦意味知道離苦的方法，它的意思絕非指從每個痛苦生起的地方逃跑，這樣做只會把痛苦帶在身上。

若想了知苦，就必須深入觀察目前的情況。佛陀教導我們，問題從哪裡生起，就必須在那裡解決。痛苦所在之處，正是不苦生起的地方；一個息滅，另一個就生起，你應該在那裡解決

自己的問題。因害怕而逃避痛苦的人是最愚痴的人,他們只會無止盡地增加愚痴。

苦,是除此之外無他的第一聖諦,不是嗎?你怎麼會把它看成壞事呢?苦諦、生起苦之集諦、苦止息之滅諦、滅苦之道諦,若逃避這些事物,就不是根據真實法而修行。

佛陀教導我們要以智慧「跳脫」。假設你踏到荊棘或碎片,腳底被它扎傷,走路有時會痛,有時則不會。當踩到石頭或樹幹真的很痛時,便檢查腳底,但未找到任何東西,你不理它繼續走路,然後又踩到某樣東西,再次感到疼痛。這種情況反覆發生。

痛苦生起時
別相應不理

疼痛的因是什麼?它是扎入腳底的刺或碎片,痛感斷斷續續。每次疼痛生起時,你便稍作檢查,但未看到碎片,於是就不理它。不久,它又再痛,你便再看一眼。

當痛苦生起時,你必須注意它,別相應不理。每次疼痛生起,你就注意到:「嗯!刺還在那裡。」每回疼痛生起,同時也會生起必須拔除那根刺的想法。若不將它取出,只會變得更

戒

痛，疼痛一再復發，直到你無時無刻不想取出刺為止。最後終於受不了，你決心一勞永逸，將刺取出——因為它會痛！

在修行上的努力也必須如此，無論哪邊會痛或哪裡有摩擦，都必須探究。勇敢地面對問題，除掉那根刺，只要把它拔出來。一旦心有所貪著，都必須注意，當深入觀察時，你就會如實地覺知它、看到它並體會它。

但我們的修行必須堅定與持續，即所謂的「勤精進」(viriyārambha)——向前不斷地精進。例如，當你的腳感覺不適時，必須提醒自己把刺拔出來，並努力不懈。同樣地，當痛苦在心中生起時，我們必須堅持將煩惱從根拔除，徹底斬斷它們。只要一直保持堅定的決心，最後煩惱一定會屈服，並被消除。

覺知「生」的運作
也不要落入「生」中

因此，關於樂與苦，我們應該怎麼做？一切法都是有因而生，因若消失，果便消失。只要我們不貪愛、抓取或執著，彷彿它並不存在，苦便不會生起。苦因「有」⑧而生起，以「有」為緣而有「生」；「取」⑨則是造成苦的先決條件。⑩

只要發覺苦，就深入觀察它，深入觀察當下，觀察自己的心

與身。當苦生起時，問你自己：「為什麼有苦？」立即觀察。當樂生起時：「樂生起的因是什麼？」每當這些事出現時都要警覺，樂與苦都是由執取生起。

以前的修行人就以這種方式看自己的心，只有生與滅，並無常住的實體。他們從各個角度思惟，發現心根本沒什麼，沒有任何東西是穩定的；只有生與滅、滅與生，無固定不變的事物。無論走路或坐著，都如此看事情，無論看什麼都只有苦，一切東西都如此。猶如剛從熔爐鍛造出來的大鐵球，每個地方都是滾燙的。若觸摸頂部是燙的，兩側也是燙的，整個鐵球都是燙的，無一處是涼的。

若不深思這些事物，對它們便一無所知，我們必須清楚地看見，切莫「生出」事物，也不要落入「生」中，要覺知「生」的運作。那麼如「喔！我受不了那個人，他搞砸一切」的想法便不會再生起，或「我好喜歡某某」都不會再生起，剩下的只是世俗慣例的好惡標準。我們必須使用它來與別人溝通，但內心則必須是空的，這便是「聖住」⑪。我們都必須以此為目標如法修行，莫陷入疑惑中。

在投入修行之前，我問自己：「佛陀的教法就在眼前，適合每個人，但為什麼只有少數人能依教奉行，而其他人則不能

呢？或有人只有三分鐘熱度，然後很快就放棄了；或有人雖未放棄，但是卻心猿意馬，無法全心投入，為什麼會這樣呢？」

因此，我下定決心：「好！我將盡形壽，全心全意，徹底遵從佛陀的教導，於此生達到覺悟。因為若不如此，我終將在苦海中沈淪。無論需要承受多少苦難，我都要放下萬緣，精進用功，永不懈怠，否則疑惑將一直糾纏著我。」

如此思惟後，我便認真地修行，無論多麼困難，依然勇往直前。我將一生看成一天，絲毫不敢懈怠。「我將謹遵佛陀的教導，依循佛法而了知──這痴迷的世間為何會如此之苦。」我想明瞭，也想精通教法，因此我朝向「法」的修習。

頂多只能依賴老師百分之五十

出家行者需要放棄多少世俗的生活呢？若我們終生出家，就意味著放棄一切，所有世人享受的事──色、聲、香、味與觸，都要完全拋開，但仍經驗它們。因此，修行者必須少量知足，並保持離染。無論說話、吃飯或做任何事，都必須很容易滿足：吃得簡單、睡得簡單、住得簡單。你愈如此修行，就愈容易獲得滿足，你將能看透自己的心。

「法」是「各自的」(paccattaṃ)——唯有自己了解，意指你得親自去修行。在解脫道上，你頂多只能依賴老師百分之五十而已。即使我今天給你們的教導也是完全無用的，它值得聆聽，但若你只因我如此說而相信，你就不會正確地使用它，若完全相信我，你就是傻瓜。把我的教導用在自己的修行上，用眼睛與心去看，親自去做，這會更有用，更能嘗到法味。

所以，佛陀不詳說修行的成果，因為它無法以言語傳達。就如試著為天生的盲人描述不同的顏色：「它是鮮黃色。」那是不會有什麼效果的。

佛陀將它拉回到個人身上——你必須自己清楚地看見。若能清楚地看見，心裡就會有清楚的證明，無論行、住、坐、臥都將不再疑惑。即使別人說：「你的修行是錯的。」你都不會動搖，因為你已親自證明。

別人無法告知
你必須自知自證

身為佛法的修行者，無論在哪裡都必須如此做。別人無法告知，你必須自知自證，一定要有正見。但在五或十次的雨安居⑫當中，真的能如此修行一個月都相當難得。

有次我前往北方，和一些年老才出家，只經歷過兩、三次雨安居的比丘同住，那時我已經歷過十次安居。和那些老比丘住在一起，我決定履行新進比丘須盡的各種義務——收他們的缽、清洗他們的衣服，以及清理痰盂等。我並不認為這是為任何特別的個人而做，只不過是維持自己的修行罷了。由於別人不會做這些事，因此我就自己做，且視此為獲得功德的好機會，它給我一種滿足感。

在布薩日⑬時，我得去打掃布薩堂，並準備洗滌與飲用的水。其他人對這些工作一無所知，只在旁觀看，我並無批評之意，因為他們不懂。我獨自做這些事，結束後對自己感到高興。在修行中，我感到振奮，並充滿活力。

我隨時都能在寺院中做一些事，無論是我自己或別人的茅篷髒了，我就打掃乾淨。我並非為了討好任何人，只是想維持一個好的修行。打掃茅篷或住處，就如清理內心的垃圾。

你們必須謹記這點。與「法」、平靜、自制、調伏的心共住，無須擔心和諧，它會自動生起，沒有任何問題。若有沈重的工作要做，每個人都會伸出援手，很快就能完成。那是最好的方式。

跟著心走
永遠不能領悟「法」

不過,我也遇過其他類型的比丘,而這些遭遇都成為我成長的機會。例如,在一座大寺院中,比丘與沙彌們都同意在某天一起洗袈裟,我會去烹煮波羅蜜果樹⑭。這時,就會有些比丘等待別人將波羅蜜果樹心煮沸後,才來洗袈裟,再拿回茅篷晾曬,然後再打個盹兒。他們不必生火,也無須善後,而自認是聰明人,佔盡便宜。其實,這是最愚蠢的,只是在增長無知,因為他們什麼也不做,把所有工作都留給別人。

因此,無論說話、吃飯或做任何事,都要記得自我反省。你可能想舒服地生活、吃飯與睡覺,但你不能。我們為何來這裡?若能經常想到這點,便會很有幫助,我們不會忘記,會經常保持警覺,如此地警覺,無論任何情況都能用功。若我們無法精進用功,事情的發展將會大為不同:坐著,會坐得如同在城裡;走著,會走得如同在城裡。然後你會想回到城裡,和世俗的人廝混。

若不精進於修行,心就會轉往那方向。你不會對抗自己的心,只會讓它隨著情緒起舞,這就稱為「跟著心走」。就如對待小孩,若我們縱容他的一切欲望,他會是個好孩子嗎?若父

母親縱容小孩的一切欲望，那樣好嗎？即使起初父母有些溺愛他，但到該打屁股的年齡，他們偶爾還是會懲罰他，因為怕寵壞了他。

訓練心也必須如此，你必須知道自己，並知道如何自我訓練，若不知如何訓練心，只寄望別人來為你訓練，結果必定會陷入麻煩之中。修行並無限制，無論行、住、坐、臥都可以修行。當打掃寺院的地板或看見一道陽光時，都可能領悟佛法，但你當下必須保持正念。若你積極禪修，則無論何時何地都可能領悟「法」。

精進不懈 就能擇法

不要放逸，要清醒、警覺。在行腳托缽時會生起各種感覺，那些都是善法。當返回寺院進食時，也有許多善法可供觀察。若你一直精進不懈，這些事物都會成為思惟的對象，智慧將會生起，你也將會見到「法」，這稱為「擇法」⑮，它是七覺支⑯之一。若我們有正念，就不會輕忽它，且還會進一步探究法義。

若我們達到這個階段，修行就會不分晝夜地一直持續下去，

無關乎時間。沒有東西能污染修行，若有的話我們也會立即覺知。當修行進入法流時，內心就會有擇法覺支，持續審查「法」。心不會去追逐事物：「我想去那裡旅行，或可去另一個地方……但在那邊應該會很有趣。」那就是世間的方式。只要走上那條路，修行很快就會完蛋。

要不斷警覺、學習，看見一棵樹或一隻動物，都可能是個學習的機會。將一切都引進心裡，在自己的心中清楚地觀察。當一些感受在內心造成衝擊時，應該清楚地見證它。

你曾看過磚窯嗎？在它前面有道二或三呎的火牆。若我們用正確的方式建造磚窯，所有熱氣都會進到窯裡，工作很快就能完成。我們修學佛法應該以這種方式體驗事物，所有的感受都被導引入內，並轉為正見。見色、聞聲、嗅香、嘗味──心將它們都導引入內，那些感受將得以生出智慧來。

【注釋】

①隆波 (Luang Por)：是泰國人對老和尚尊敬與親切的稱呼，直譯為「尊貴的父親」。

②防護感官的戒即所謂的「根律儀」，例如當眼見色時，以正念防護眼根，不讓貪等煩惱入侵而受到繫縛，即是「眼根律儀」。其他五根的防護亦然。

③沙門 (samaṇa)：意譯息惡、息心，即出家求道者。阿姜查通常將它翻譯成「平靜

的人」。

④舍利弗第一次見法，證得須陀洹（sotāpanna，初果）。

⑤頭陀支 (Dhutanga)：「頭陀」(Dhuta) 意指「去除」，「支」是「支分」，意指「原因」，比丘因受持頭陀支而能去除煩惱，這是佛陀所允許超過戒律標準的苦行。依《清淨道論》有十三支：糞掃衣、三衣、常乞食、次第乞食、一座食、一缽食、時後不食、阿蘭若住、樹下住、露地住、塚間住、隨處住與常坐不臥。這些苦行有助於開發知足、出離與精進心。

⑥正見 (sammā diṭṭhi)：對事物的如實知見，即正確了知四聖諦。

⑦厭離 (nibbidā)：是指對感官世界的誘惑不感興趣。

⑧有 (bhāva)：指存在的過程。bhāva的泰文phop是阿姜查的聽眾所熟悉的辭彙，它通常被理解為「輪迴的領域」。阿姜查此處對該字的用法並未依慣例，更強調實用的一面。

⑨取 (upādāna)：執取、執著。「取」是十二緣起的第九支，指執著於所對之境。

⑩十二支緣起的順序，依次為無明、行、識、名色、六處、觸、受、愛、取、有、生、老死。

⑪「聖住」是指聖者證入果定，依導向證入果定的觀智不同，而分別有三種：（一）空解脫──透過觀照無我而證入果定；（二）無相解脫──透過觀照無常而證入果定；（三）無願解脫──透過觀照苦而證入果定。

⑫雨安居：僧伽於每年七月中旬至十月中旬，進行為期三個月的雨安居。在這段期間，僧伽不外出行腳，安住在一處精進修行。

⑬布薩日 (uposatha) 大約每兩星期在新月與滿月之日舉行，比丘與比丘尼在該日懺悔罪過並誦戒。在這幾天與半月日，在家眾常會前來寺院，受持八關齋戒一日一夜，聆聽開示，並徹夜練習坐禪與行禪。

⑭森林比丘們會將波羅蜜果樹的心材煮沸，然後以樹液浸染與清洗衣服。

⑮擇法 (dhamma-vicaya) 是七覺支之一。在禪修中，它是種直覺的、具有辨識力的慧，可辨別「法」的特性，通達涅槃的本質，是「智慧」的同義辭。

⑯七覺支是指七種覺悟的因素，或是指領會四聖諦的特定知識，也是聖者所具有的特質。這七種因素是念、擇法、精進、喜、輕安、定 與捨。當這些覺支充分發展時，便能引領行者到達涅槃。

【第四章】了解戒律

修行並不容易，還有許多是我們所不知的，例如「安住於身，循身觀察」①或「安住於心，隨觀心識」②。若我們尚未修習這些，可能會感到不解，戒律就是如此。

過去我曾是老師③，但只是個「小老師」，而非「大」的。為何說是「小老師」呢？我並未修行，雖然教導戒律，卻不曾實踐它，這種人我稱之為「小老師」——較差的老師。說「較差的老師」是因為我在修行上是有所不足的，絕大多數的修行並不及格，猶如完全未曾學過戒律一樣。

要完全知曉戒律是不可能的

不過，事實上，要完全知曉戒律是不可能的。因為有些事無論我們知道與否都是違犯，這是很棘手的。人們強調，若我們尚未了解任何特別的訓練規則或教導，就必須熱忱與恭敬地學習它，若不了解就應努力學習，若不努力，本身就是一種違犯。

例如在可能有疑惑的情況下，假設有個女人，你在不知她是

女或男時碰觸她，你並不確定此人的性別仍趨前碰觸，這也是錯的。④我曾質疑為何這是錯的，但當想到修行時，我了解禪修者必須有正念且要慎重，無論談話、接觸或取物，都必須先考慮清楚。這個案例錯在沒有正念，或缺少正念，或在當下有欠考慮。

又例如才上午十一點，但天色昏暗看不見太陽，我們又沒有時鐘。假設我們猜想可能已經下午，且真的覺得應該是下午，便在此時進食。當開始進食時，烏雲散去，根據太陽的位置，才了解到剛過十一點，這仍是犯戒⑤。我曾懷疑：「咦？還沒過中午，為何是犯戒？」

在疑惑下行動
即是犯戒

此處發生的犯戒，是因疏忽、粗心大意、缺少清楚的考慮與防護。若有疑惑，卻在疑惑時行事，即是「惡作」⑥，違犯只是因在有疑惑時行動。我們以為那時是下午，但事實不然，進食本身沒有錯，是因我們大意而犯戒。若當時確實是下午，卻以為它不是，那是更嚴重的波逸提罪。

若在有疑惑的情況下行動，無論行動是對或錯，都是犯戒。

若行動本身是對的，則它是較輕的罪；若是錯的，則是較嚴重的罪。戒律可能如此令人迷惑！

有次我去見阿姜曼⑦，當時我才剛開始修行，曾讀過《古學處》⑧，並有深入的了解。接著繼續讀《清淨道論》⑨，其中包括〈戒廣說〉(Sīlanidesa)、〈定廣說〉(Samādhinidesa) 與〈慧廣說〉(Paññāidesa)。我的腦袋脹得像快爆炸一樣！

讀完那本書後，覺得它超出人類的修行能力之外。但接著我反省佛陀不會教導不可能修行的東西，他既不會教，也不會說，因為那些事對自己與別人都無益處。〈戒廣說〉已太繁雜，〈定廣說〉更是如此，〈慧廣說〉則有過之而無不及！我坐下心想：「算了！我無法再往前進，前面已經無路了。」那種感覺就好像已到了窮途末路的地步。

死背所有的戒律
是不可能的

在這階段，我努力想突破修行的困境，我被困住了。此時恰好有個機會去見阿姜曼，我問他：「尊貴的阿姜⑩，我應該怎麼做？我正開始要修行，卻不知正確的道路。我有許多疑惑，修行時完全找不到依據。」

他問我：「問題是什麼？」

「在修行過程中，我挑選《清淨道論》來研讀，但它似乎不可能付諸修行。〈戒廣說〉、〈定廣說〉與〈慧廣說〉的內容似乎完全不切實際，我不認為這世上有人能實踐它，它太過繁雜。要記住每條規則是不可能的，它超出我的能力之外。」

他對我說：

沒錯！那裡面有很多東西，但實際上只有一點點。若我們要考慮到〈戒廣說〉裡的每條規定，那真的是很困難。但事實上，〈戒廣說〉是從人心發展出來的。若訓練心讓它有慚與愧，我們就能有所防護，言行也會更加謹慎。

這將能讓人少欲知足，因為我們不可能照顧太多事。一旦如此，我們的正念就會增強，隨時都能保持正念。無論身在何處，我們都要努力維持完全的正念，謹慎的態度將會被培養出來。每次你對某事感到疑惑時，不要說它或反應它，若有任何事不了解，就去請問老師。嘗試遵守每條戒確實很煩人，但應該檢討是否準備接受自己的過失，我們接受它們嗎？

這個教導非常重要。知道每條戒不是那麼重要，但我們應該

知道如何訓練自己的心。

　你讀過的所有東西都是從心生起，若心還沒具有敏銳與清明，就一直都會有疑惑。你應該嘗試把佛陀的教誨引入內心，讓心安定下來。無論出現什麼疑惑，只要放下它。若你不確定真的知道，就不要說它或做它。例如你懷疑：「這是對或錯？」你無法真的確定，就別說、別做它，不要拋棄你防護的心。

　當坐著聆聽時，我深思這個教導，符合佛陀所說衡量教導是否真實的八種方法：任何談到少惱、出苦、離欲、少量知足、不慕名位、無渴愛和遠離、勤奮精進，以及維持自在的教導，都是佛陀教法——真實的法與律 (Dhamma-vinaya) 的特徵，任何牴觸這些條件的則不是。

　若真心誠意，就會有慚愧，會知道何時心中有疑惑，我們將不會做它或說它。〈戒廣說〉只是文字，例如慚愧在書中是一回事，但在我們心中則是另一回事。

　跟隨阿姜曼學習戒律，我學到很多東西。當坐著聆聽時，了

解也隨之生起。

只藉由聽聞
無法真的了解戒律

　　因此，關於戒律，我學了很多。在雨安居時，我有時會從晚上六點一直讀到翌日凌晨。我充分了解它，將所有《古學處》中涵蓋的「犯戒」⑪因素都寫在筆記本上，放在袋子裡。我真的在這上面下了很多工夫，但到後來我慢慢放下。它太多了，我不知何者為本或何者為末，而全盤接受。當了解得更完全時，我放開它，因為它太沈重了。我只將注意力放在心上，慢慢拋開書本。

　　不過，當我教導此地的比丘時，仍以《古學處》為標準。多年來在巴蓬寺，我親自對大眾宣讀它。在那些日子裡，我會登上法座，一直持續到晚上至少十一點或午夜，有時甚至到凌晨一、兩點。我們有興趣，並修持它，聽過誦戒後，會去深思所聽聞的內容。你無法只藉由聽聞，就真的了解戒律，聽過後必須檢視它，並進一步地探究。

　　雖然我研讀這些東西許多年，但知識仍不完整，因書本中有許多地方意義並不明確。從讀這些書以來，至今過了這麼久的

時間，我對各種戒律的記憶也已有些遺忘，但我心中並無欠缺或疑惑，只有了解。我拋開書本，專注於開發內心。心，對戒律具有評斷，無論在公開或私下的場合，它都不會做錯誤的事。我不殺生，即使是小生命，例如有人要求我以手故意壓死一隻螞蟻或白蟻，我辦不到，即使給我一大筆錢也一樣。雖然是隻螞蟻或白蟻，對我而言，牠的生命比一大筆錢更有價值。

動機
是戒的根本

不過，我還是有可能造成昆蟲死亡，例如當有東西在我腿上爬，而我將牠撥開時，也許牠就死了。當我審視內心時，並無犯罪感、猶豫或疑惑。為什麼？因為我並無殺害的動機。

「動機是戒的根本」，過去在我真正了解之前，確實為這類事情深受困擾。我會認為犯戒，「犯什麼戒？沒有動機啊！」「確實沒有動機，但你還是不夠小心！」我會如此地反覆發愁與憂慮。

因此，戒律是可能干擾修行者的東西。但它也有其價值，如同老師們所說：「對於不知道的戒，都應該學習，若不知就應去問那些知道的人。」他們確實強調這點。

不知戒條
就難免違犯

現在若不知戒條，就無法覺知有所違犯。例如華富里省 (Lop Buri) 寇翁高寺 (Wat Kow Wong Got) 有位長老阿姜保 (Ajahn Pow)，有天一群女眾前來問阿姜保時，他的一位「摩訶」⑫弟子坐在身旁，「隆波！我們想邀請你一起去旅行，你會去嗎？」隆波並未回答。身旁的「摩訶」弟子以為阿姜保沒有聽見，因此他說：「隆波，隆波！你聽到了嗎？這些女眾邀你去旅行。」他說：「我聽到了。」女人再問一次：「隆波！你會去嗎？」

他只是坐著默不作聲，因此邀請的事也就不了了之。她們離開後，「摩訶」說：「隆波，你為什麼不回答她們？」

他說：「哦！摩訶，你不知道這條戒嗎？剛才在這裡的全都是女眾，若女眾邀請你和她們去旅行，你不該答應。若她們自行安排，那就沒問題。如此一來，若我想去就可以去，因為我並未參與安排。」

「摩訶」坐在那裡心想：「啊！我真是出醜了。」

戒律裡有規定，安排計畫，然後和女眾一起出遊，即使是團體而非一對一，也是違犯波逸提罪。⑬

再舉另一個例子。在家人會把錢放在盤子裡供養阿姜保，他則會拿出「接受布」⑭，從一端捏住。但當他們將盤子放在布上時，他會將手抽回，摺下擺在上面的錢。他知道錢在那裡，但對它不感興趣，只是起身走開。

這麼做是因為戒律規定，若人不同意（不欲求）金錢，就無須禁止在家人供養；若對它有欲望就必須說：「居士！比丘不允許接受這個。」他必須告訴他們這一點。若你對某樣東西有欲望，就必須禁止人們供養不被允許的東西，不然只需把它留在那裡，然後離開。

雖然阿姜保與弟子們共住多年，還是有些弟子不了解他的修行，這是很可惜的事。就我自己而言，我深入觀察與思惟許多阿姜保微細的修行觀點。

對戒律有所疑惑
當下修行

戒律甚至可能造成比丘還俗，當他們研讀它時，各式各樣的疑惑都會生起。他們回頭檢視過去：「我的受戒儀式是適當的嗎？⑮我的戒師清淨嗎？我受戒時坐著的比丘們，沒有人知道任何有關戒律的事，他們坐的距離適當嗎？唱誦正確嗎？」這

些疑惑不斷浮現，「我的受戒堂是適當的嗎？它那麼小……」他們懷疑每件事，因此陷入人間地獄中。

因此，在知道如何奠定心的基礎之前，它可能真的很難。你必須非常冷靜，不能貿然行事，但只是冷靜而不深入觀察，同樣不對。我曾困惑到想還俗，因看見自己與一些老師修行上的許多過失，那些疑惑使我心勞意攘，無法入睡。

我愈疑惑就愈禪修，愈精進修行。一有疑惑，當下立即修行，當智慧生起時，事情便開始改變。很難描述所發生的改變，心持續改變直到不再疑惑為止。我不知它如何改變，若我試著告訴別人，他們可能也不會了解。

因此，我深思「智者自知」⑯的教導，覺悟必須透過直接體驗才會生起，研讀法與律當然是正確的，但若只是研讀則仍不足。在我開始修行前，對微細罪並不感興趣，但修行之後，即使突吉羅罪也和波羅夷罪同樣重要。先前看待突吉羅罪似乎沒什麼，只是雞毛蒜皮的小事，到晚上就可懺悔罪過而清淨，然後可能再次違犯。

不過，這種懺悔是不清淨的，因為你不會停止，你並未下定決心去改變，沒有防護，未認知實相，也沒有放下，只是一犯再犯。

戒

若心毫無疑惑
違犯當下就解除

　　就勝義諦而言，事實上無須通過懺悔罪過的例行程序。若了解心是清淨的，並毫無疑惑，那些違犯當下就解除了。我們尚未清淨，是因為還有疑惑，還在搖擺不定。我們並非真的清淨，因此無法放下，關鍵是未看見自己。戒律猶如保護我們免於犯錯的圍牆，因此必須謹慎對應。

　　若你尚未親自了解戒律的真實價值，對你來說它是困難的。在我到巴蓬寺之前的許多年，便決定放棄金錢，大部分的雨安居期間，我都在思考這件事。最後，我抓起錢包走向當時共住的一位「摩訶」比丘，將它放在他面前。

　　「摩訶！請收下這筆錢。從今日起，只要我是比丘，就不會接受或手持金錢，你可以當我的見證人。」

　　「收起來，朋友！學習過程中你可能會需要它。」他無意收下這筆錢，覺得很尷尬。

　　「你為何要捨棄這些錢呢？」他問道。

　　「你不用擔心我，我已下定決心，昨晚就決定好了。」

了解害處
捨棄就不難

　　從他拿錢那天起，我們之間就好像有了隔閡，無法再相互了解。至今他仍是我的見證者，從那天起我就不曾使用錢，或從事任何買賣。我對用錢的各方面都非常自制，雖然未做錯任何事，也經常小心翼翼，以免犯錯。

　　我內心保持禪修，無須錢財，我視它如毒藥。無論你把毒藥拿給人、狗或任何動物，無可避免地都會導致死亡或痛苦。若清楚了解這點，就會經常提防不要誤拿「毒藥」。當清楚了解其中的害處時，要捨棄它就不會太困難。

　　若我對別人供養的食物有疑惑，就不會接受，無論它有多美味或精緻，都不會吃。舉個簡單的例子，如生的醃漬魚。假設你住在森林裡，外出托缽只收到裹在葉子裡的米飯和一些醃漬魚。當你回到住處，打開小包發現那是生的醃漬魚——二話不說，扔掉！⑰吃白飯總比犯戒好。必須要能如此做，才能說你真的了解，然後戒律就會變得很簡單。

　　若其他比丘想要給我生活必需品，例如缽、剃刀或任何東西，除非我知道捐贈者是受持同等戒律標準的同修，否則我不會接受。為什麼？你如何能相信那些不持戒的人？他們什麼事

都做得出來。不持戒的比丘不了解戒律的真實價值，那些東西很可能是以不正當的方式所獲得。我就是那麼謹慎。

結果一些同修比丘常會以異樣的眼光看我。「他不合群，他不好相處。」但我不為所動。「嗯！到死時我們就能相互交融了。」我心想：「屆時，我們都是黃土一坏。」我自制地生活，沉默寡言，對別人的批評不為所動。為什麼？因為即使解釋他們也不會了解，他們根本不懂修行。

就如以前當我受邀參與葬禮時，有人會說：「別聽他的！只要把錢放進他的袋子裡，別讓他知道就好了。」⑱我會說：「喂！你們認為我是死了或怎樣了？你知道只是因為有人稱酒精為香水，並不會讓它變成香水，但你們想要喝酒時便稱它為香水，那麼就去喝吧！你們一定是瘋了！」

保持離欲心
正確地了解戒律

這麼一來，戒律就可能會變得很困難。你必須少欲知足，並保持離欲心，你必須正確地了解。有次當我行經沙拉武里省 (Sara Buri) 時，我的團體前往某個村莊寺院暫住，該寺住持的戒臘和我一樣。清晨，我們都會一起托缽，然後回到寺院放下

缽。不久，在家人將幾盤食物放進會堂，然後比丘們會去拿起來打開，排成一列，作為正式供養。一個比丘會將手指放在這一列末端的盤子上，一位在家人則將手放在另一端的盤子上，然後比丘們便拿過來分配著吃。

當時大約有五名比丘和我一起行腳，但沒有人去碰食物。我們托缽得到的只有白米飯，因此雖和他們坐在一起，我們只吃白飯，沒人敢吃盤裡的食物。

這種情況持續了好幾天，我開始感覺到住持對我們的行為感到不安。可能有僧眾前去對他說：「那些來訪的比丘不吃任何食物，我不知道他們是怎麼了。」

我必須再多待幾天，因此前去向住持解釋。

我說：「法師！我可以打擾您一會兒嗎？我恐怕你和其他僧眾對我們不吃在家人供養的盤中食物，感到困惑。我想對您澄清它真的沒什麼。法師！那只是因我所學的接受供養的修行方式就是如此，在家人放下食物，然後比丘們前去打開餐盤、作好分配，並將之視為正式的供養，這是錯誤的，是犯突吉羅罪。具體來說，若比丘手持或接觸尚未正式供養到手裡的食物，這樣會玷污食物，凡吃那食物的比丘依律都是犯戒。」

「只是因為這樣，法師！我並非要批評任何人，或要迫使你

和其他比丘改變規矩，完全不是。我只是想讓您知道我良善的動機，因為我可能要在此地再多待幾天。」

他雙手合十說道：「善哉⑲！善哉！在沙拉武里我還未看過一個持微細戒的比丘，現在已找不到這種人了。若還有一定是住在沙拉武里之外。容我讚嘆你們吧！我絲毫不會反對，那非常好。」

研讀戒律
直到真心了解

隔天早晨，當我們托鉢回來時，沒有一個比丘走近餐盤。在家眾自己把食物分配好並供養給他們，因為擔心比丘們不吃。從那天起，比丘與沙彌們似乎都顯得很緊張，我試著解釋一些事情好讓他們放鬆心情。我認為他們害怕我們，他們只是走進自己的房間，並安靜地把自己關起來。

有兩、三天我試著讓他們放輕鬆，因為他們是如此地羞愧。我真的沒有任何對立的想法，也沒有嫌食物不夠或挑三撿四的意思。我以前曾禁食，有時甚至長達七、八天，這裡有白米飯，我知道自己不會餓死。我從修行、研讀與如法修行中獲得力量。

我以佛陀為典範，無論到哪裡，不管別人怎麼做，都不讓自己捲入是非。只是完全投身於修行中──我在乎自己和修行。

　　那些不持戒、修定的人，無法和修行的人共住，他們必然是各走各的路。以前我並不了解這點，身為老師，我教導別人，自己卻沒有修行，這實在很糟。當我深入觀察它時，我的修行與知識有如天壤之別。

　　因此，我對想建立森林禪修中心的比丘們說：「別做！」若你還未真正了解，就別費心去教導別人，你只會搞得一團糟而已。有些比丘以為只要住進森林裡，就能獲得平靜，但他們仍不了解修行的本質。他們去割草⑳，什麼事都自己來，那不會帶來進步。無論森林有多平靜，若你做錯的話，就不可能進步。

　　他們看見森林僧住在森林裡，便模仿他們住於森林，不過那是不同的，袈裟、飲食習慣不同，每件事都不一樣。他們沒有自我訓練，沒有修行，若只是依樣而住，就有如炫耀或宣傳的場景，只是場賣膏藥的表演罷了，無法再更進一步。那些只有少許修行就去教導他人者，都還不成熟，並非真的了解。不久之後，一旦他們放棄，一切就垮了。

　　因此，我們必須研讀。仔細看《新論》㉑說些什麼？研讀

它、背誦它，直到了解為止。隨時詢問老師更微細的觀點，他會加以解釋，如此研讀直到真正了解戒律為止。

【注釋】

① 「安住於身，循身觀察」意指將心專注於身體之中，很清楚地依次隨順觀察身體是由地、水、火、風所組成，而知「身」是集合體，是生滅變化、不淨的，去除執著身體為「我」的顛倒。參見《大念處經》（《長部》第22經）。

② 「安住於心，隨觀心識」意指安住於心而觀察心，觀察心中不斷生起的心的情況，清楚覺知心純粹只是識知目標的過程，是無常的，而去除執著心為「我」的顛倒。參見《大念處經》（《長部》第22經）。

③ 此處指的是早年出家的阿姜查，在他認真禪修之前。

④ 與女人身體相觸，是犯比丘戒中十三條僧殘戒（saṇghādisesa，或譯「僧伽婆尸沙」）的第二條——「故意與女人身體相觸」。犯此戒者，由最初的舉罪到最後的出罪，都必須由二十位僧眾決定，而可「殘留」在僧團中。

⑤ 過了中午以後進食，是犯比丘戒中九十二條波逸提戒（pācitiya，或譯「單墮」），的第三十七條——「過午食」。比丘允許進食的時間是黎明時分至中午，若不在這段時間進食，即是「非食時」。犯此戒者，必須向一位比丘，或別眾（二至三位比丘），或僧團（四位以上比丘）報告並懺悔。

⑥ 惡作（dukkaṭa）音譯為「突吉羅」，是戒律中最輕等級的違犯，戒條數量很多。波羅夷（pārājika）或譯為「斷頭罪」、「驅擯罪」，比丘有四條，是僧伽的根本重罪，犯者立刻逐出僧團。

⑦ 阿姜曼（Ajahn Mun, 1871-1949）：二十世紀泰、寮地區最具影響力的禪師，其持戒精嚴、堅持頭陀行的修道生活，影響了當代許多著名的頭陀僧，阿姜查即是其中之一。

⑧《古學處注釋》（Pubbasikkhā Vaṇṇanā，英譯本譯為《基礎訓練》〔*The Elementary Training*〕）：和「法與律」(Dhamma-vinaya) 有關，以巴利注釋本為依據的泰文注釋本，尤其是針對佛音論師在《清淨道論》中，有關「正法律」的詳盡注釋書。

⑨《清淨道論》(*Visuddhimagga*)，為佛音 (Buddhaghosa) 於五世紀在斯里蘭卡所著。本書是南傳上座部的修行道論，全書分為二十三品，依戒、定、慧三大主題次第論述，是了解南傳佛教思想與修行體系最重要的論書之一。

⑩阿姜 (Ajahn) 是泰國人對住持或老師的稱呼。巴利語為 Acarya，音譯作「阿闍黎」，即指老師。

⑪「犯戒」(āpatti)，譯為「罪」、「罪過」，是佛教比丘各種犯戒的總稱。

⑫泰國國家僧伽考試以九級巴利文考試作為標準，第九級為最高級。通過第四級或更高級巴利文考試的比丘，即賦予「摩訶 (mahā)」（大師）的頭銜。

⑬這是犯了波逸提戒的第六十七條「與女人約定同行」。

⑭「接受布」是泰國比丘從女眾手中接受東西時所使用的布，他們不直接從女眾手中接受物品。阿姜保從接受布上抬起手，表示他實際上並未接受金錢。

⑮對於受戒的程序，有非常精確與詳盡的規定，若未遵守可能導致受戒無效。

⑯「智者自知」(Paccattaṃ veditabbo viññūhi)：是佛法的特質之一，經上列舉佛法的特質：「法是世尊善說、自見、無時的、來見的、引導的、智者自知。」「智者自知」意指智者當各各自知：「我修道，我證果，我證滅。」出世間法當於智者自己的心中，由實證而得見。

⑰戒律禁止比丘吃生的肉或魚。

⑱雖然比丘接受金錢是犯戒，但許多比丘仍如此做。有些人只是表面上不接受，最後還是會接受。這可能是此例中的在家人看待阿姜查拒絕接受金錢時的態度，他們可能心想阿姜查會接受金錢，只要不是公然拿給他，於是想把錢偷偷塞進

他的袋子裡。

⑲善哉 (sādhu)：是傳統巴利文，表示收到祝福或教法，或顯示感謝或贊同之意
　等。

⑳比丘割草犯波逸提。

㉑《新論》(Navakovāda)：一本關於基礎法與律的簡介。

【第五章】維持標準

在每年佛法考試①後的年度聚會裡，我們反省履行各種寺院義務的重要性，包括戒師與老師的義務。這些義務將我們凝聚在一起，成為一個大團體，而能和合共住、彼此尊敬，這也反過來利益團體。

從佛陀的時代以至於今，在所有社區裡，無論居民採取什麼形式，若不相互尊敬，絕對無法成功。無論世俗的或出家的團體，若缺乏互敬，將無法團結，放逸會接踵而來，終將導致修行的墮落。

我們的修行團體已住在此地約二十五年。它穩定成長，但也可能會走下坡，我們必須了解這點。不過若我們小心留意，彼此相互尊敬，並繼續維持修行的標準，我們的和諧將會很穩固。做為一個團體，我們的修行將會是佛教持續成長的動力。

研讀與修行
相輔相成

研讀與修行是相輔相成的，佛教因解行並重才能成長與興盛。若我們只是以輕忽的態度學習經典，隨後就會放逸。例如

在這裡第一年，有七位比丘參加雨安居，那時我心想：「每次比丘們為了佛法考試而開始讀書時，修行似乎就會退步。」我試著找出原因，於是開始教導他們，每天從用餐後直到晚上六點，大約教了四十天。後來，比丘們前去應考，結果七人全部通過。

那真的很好，但對於不慎思明辨者會有些問題。為了研讀，需要做很多讀誦與複習，不懂得自制與自律者，便很容易廢弛禪修，而將大部分時間花在研讀、複習與記憶上。這使得他們放棄本業和修行的標準。

因此，當這些比丘結束研讀與考試時，我可以看見他們行為的改變。沒有行禪，只有一點點坐禪，應酬也會增加，自制與鎮定都退步了。

經典
是修行道上的指標

事實上，在修行中，當練習行禪時，應該把心真正放在走路上；當坐禪時，應該只專注於此。無論行、住、坐、臥，都應努力保持安定。但當人們做很多研讀時，心會充滿文字，他們醉心於書本而忘了自己。這種事只發生在無智慧、缺乏自制與

正念的不穩定者身上，他們的心愈來愈散亂，散心雜話與交際成為例行公事。這並非來自研讀本身，而是由於他們不精進修行，忘了自己。

事實上，經典是修行道上的指標。若真的了解修行，那麼閱讀或研究都是禪修的另一面。但若忘記自己，則研究只會帶來更多談話與無益的活動。人們拋開禪修後，很快就會想還俗，那並非因為研讀是壞事，或修行是錯的，而是由於不知檢驗自己。

專心
致力於修行

有鑑於此，在第二次雨安居期間，我停止教導經典。許多年後，愈來愈多年輕人前來出家，其中有些人對法與律一無所知，且不懂經文。因此，我決定矯正這種情況，徵詢已學習過的資深比丘進行教導，他們至今一直持續如此做。這就是為何這裡也有研讀的原因。

不過，每年考試結束後，我便要求所有比丘恢復修行，所有與修行無直接關係的經典都被束之高閣。我們重新整理自己，回歸正常的標準，如恢復日常課誦及其他共修活動。這是我們

的標準，如此做是為了對治懈怠與不樂。

　　我對比丘們說：

　　別拋棄你們的基本修行：少吃、少說、少睡；自制與鎮定；保持出離心；規律地行禪與坐禪；在適當的時間定期聚會。請努力這麼做，不要讓這殊勝的機會空過，要老實修行。你們有機會在這裡修行，是因為你們是在老師的指導下生活，他保護你們處於一個水準之上。因此你們都應投入修行，行禪、坐禪、早晚課誦都是該做的事，請專心致力於修行。

無須四處遊歷
只要專注修行

　　有些穿著袈裟的人只是消磨時間在掙扎、想家與困惑，他們都不夠堅強，未專心修行。身為佛教比丘或沙彌，我們不能光賴在這裡，而將住得好、吃得好視為理所當然。耽著欲樂是種危險，我們應該加強修行，敦促自己做得更多，有錯則改，不要迷失於外在的事物。

　　志欲修行的人從不錯過行禪與坐禪，不會放鬆自制與鎮定的標準。比丘用完餐，掛好袈裟，處理完身邊的雜務後，就開始

練習行禪。當我們經過他的茅篷時，看見他行禪的步道②都被踩得凹陷下去，這位比丘樂在其中，他是個精進與志欲修行的人。

若能如此致力於修行，就不會出現太多問題。你們若不安心修行──行禪與坐禪，就會四處遊蕩。不喜歡這裡就行腳到那裡，不喜歡那裡就再遷回來這裡，每個地方都一樣，只是憑本能在行事。你無須四處遊歷，只要待在這裡，好好地增長修行，仔細地學習。大家努力吧！

進步與退步都取決於此。若你真的想正確地做事，就要平衡研讀與修行。當內心放鬆而身體也健康時，你就會安定下來；當內心迷妄，即使身體強壯，也會感到不安。

修行在於心
而不是外表

禪修的研究是「長養」與「捨離」的研究，此所謂的「研究」是指每當心經驗到一種感受時，就自問：「我仍然執著它嗎？」「我還會環繞著它製造問題嗎？」「我還會對它感到喜歡或討厭嗎？」

簡而言之，「我還會迷失在想法中嗎？」我們經常如此，若

不喜歡某樣東西就會厭惡，若喜歡則會有快樂的反應，心於是變得染污與不淨。若是如此，就必須承認我們還有過失，是不完美的，還需要更努力，堅持做更多的「捨離」與「長養」。這就是我所謂的「研究」——若被困在某件事上，認知自己受困，覺知自己的處境，然後努力改正。

和老師同住或分開應該是相同的，有些人若不練習行禪，會害怕老師的訓斥或責備。從某個角度來看這是好的，但在真實的修行中無須害怕別人，而是應謹防自己在身、口、意上犯錯，守護自己遠離過失，「你必須告誡自己」，我們必須趕快改進、覺知自己。這就是我所謂的「研究」，深入觀察這點，直到清楚了解為止。

以這種方式生活，得依賴耐力，堅忍不拔地面對一切煩惱，雖然這是好的，但它仍在「修法而未見法」的層次。若修法並見法，就能斷除一切惡法，長養一切善法。當見到內在的自己時，會有喜悅的感受，無論別人怎麼說，我們了解自己的心，且不為所動，無論在何處都能保持平靜。

現在，剛開始修行的年輕比丘與沙彌們可能會認為，戒臘較長的阿姜似乎沒有做很多行禪或坐禪，不要學他，你們應該迎頭趕上，而非一味地模仿，迎頭趕上與模仿是兩回事。事實

上，戒臘長的阿姜安住在他自己特別的禪境中，表面看來雖然似乎沒有修行，但他是在內心修行。佛教的修行是心的修行，他心裡的東西無法以肉眼看到，在言行上也看不出明顯的修行，心，卻是另外一回事。

看見輪迴過患
行為更有智慧

因此，修行已久且熟練的老師，在言行上可能會顯得沒有什麼作為，但他守護自己的心，他是安定的。看見其外在的表現，你可能會想模仿，暢所欲言，不過那是不同的，你們並非在同一個水準上，而是來自不同的地方。雖然阿姜可能只是坐在那裡，但他並非漫不經心，他與事物同在，但不為所惑。

我們看不到這點，因此不能只根據外在現象作判斷。當我們說話或行動時，內心也隨之起伏，而有修行的人做事或說話是一回事，他們的內心狀態則不同，因為它安住在法與律上。

例如，有時阿姜可能會對弟子很嚴厲，說的話聽起來粗俗而隨便，行為也很粗魯。但我們只能看到他身、口的行為，而看不到他安住在法與律上的心。信守佛陀的教導：「不放逸是無死之道，放逸則是死亡之道」(《法句經》，21行)。深思這句話，別

人怎麼做都不重要，只要不放逸。

　想想經上所說：「比丘是乞士③。」若只從外表如此定義「比丘」，我們的修行形式就會很粗糙。若了解佛陀定義比丘的方式是「看見輪迴過患的人」，就會深刻許多。

　看見輪迴過患的人，就是看見過失與世間苦難的人。這世間有這麼多過患，但大多數人都未看見，只看見歡笑與快樂。什麼是輪迴？輪迴之苦是勢不可擋的，令人難以忍受。快樂也是輪迴，若未看見輪迴的過患，當有快樂時，我們便執著它而忘記痛苦。我們對它毫無所知，猶如小孩不知火的危險。

　若我們如此了解佛法的修行：「比丘是看見輪迴過患的人」，將這教法牢牢地根植於生命中，則無論行、住、坐、臥，或身在何處，都能厭離。我們將能反省自己，且不放逸，即使輕鬆地坐著也有相同的感覺。無論做什麼，都看見這個過患，因此我們是處於一種非常不同的狀態。這樣修行，即稱為「看見輪迴過患的人」。

　一個看見輪迴過患的人，既活在輪迴中，也不活在其中。換句話說，他們既了解世俗概念，也了解它們的勝義。這種人無論是說的、做的或想的事，都和普通人不同，他們的行為更有智慧。

所以我才說：「是迎頭趕上，而非模仿。」愚蠢的人會抓住每樣東西，你千萬不能那樣做！別忘記自己。

當老師去世 弟子就各自四散

至於我，由於健康不佳，因此有些事留給其他比丘與沙彌們照料，也許我會稍事休息。自古以來，當父母親健在時，子女們和諧昌盛；一旦父母過世後，子女就零星四散，過去富裕的生活也變得日益窮困。世間的生活通常是如此，在寺院裡也可看到這點。

例如當阿姜還活著時，大眾和合共住、道場興隆，當他去世後，立刻就開始衰敗。為什麼會如此呢？因為當老師健在時，人們變得自滿足而忘記自己，沒有真正精進研讀與修行。就世俗生活而言，當父母親健在時，子女將每件事都交給他們，凡事依賴父母，不知如何照顧自己；父母親去世後，他們就變成得靠救濟度日。

僧團的情況也是如此，若阿姜離開或去世，比丘們幾乎都有社會化的傾向，他們分裂成好幾個團體，逐漸陷入衰敗。在老師的庇蔭下生活，事事順利，而當老師去世後，弟子們就各自

戒

四散。他們的見解相互衝突，思想錯誤者共住一處，思想正確者則又別住一處。心存芥蒂者便離開舊團體，在別處另立門戶，招收自己的弟子。事情就是如此，我們都有自己的毛病。當老師在世時，我們放逸地過活，不依循阿姜所教導的修行標準，也未牢記在心。

即使在佛陀的時代也是如此。還記得經典裡的須跋陀(Subhadda) 比丘嗎？當大迦葉尊者從波婆城 (Pava) 回來時，他問路邊的苦行者：「佛陀離開我們了嗎？」苦行者回答：「佛陀世尊在七天前就入般涅槃了。」

那些尚未開悟的比丘悲傷不已，嚎啕大哭。那些已見道者則自我反省：「啊！佛陀已經去世了，他入滅了。」但煩惱仍深重者，例如須跋陀則說：

「你們哭什麼呢？佛陀已去世，那太好了！現在我們可以輕鬆地生活。當佛陀在世時，他總是要求我們要遵守規定或做其他修行，要求我們不可做這個、說那個。現在他去世了，那很好啊！我們可以為所欲為、暢所欲言。你們為何要哭泣呢？」

從那時到現在，情況一直都是如此。

唯一的任務
就是好好修行

　　假設我們有個玻璃杯，且小心翼翼地保護它，雖然知道它總有一天會壞滅。每次用過後，我們就把它洗乾淨，收到安全的地方，如此一來就可長期使用，當我們結束使用後，其他人還可接續使用。現在我問各位，粗心地使用杯子，每天打破它們，和確保杯子完整，十年只使用一個杯子，哪種比較好呢？

　　我們的修行就像這樣。例如，若住在這裡的人都穩定地修行，當中若有十個人修得很好，巴蓬寺將會昌盛。就如在一個有百戶人家的村子裡，即使只有五十個好人，那村子也會繁榮。事實上，要找到十個都很難。或舉這座寺院為例，要找到五、六個真心投入、真正在修行的比丘，也是不容易的。

　　無論如何，我們現在唯一的任務就是好好地修行。想想看，在這裡我們擁有什麼？我們不再擁有財富、資產與家庭，即使食物，也只是日中一食。身為比丘與沙彌，我們放棄一切，已一無所有，也拋開了人們真正享受的東西。我們出家成為佛教比丘，就是為了修行，為何還要嚮往其他東西，耽溺於貪、瞋、痴中呢？

　　若不修行，我們其實比在家人更糟糕，因為我們絲毫沒有作

用。若我們不發揮任何作用或接受職責，那就是在浪費沙門的生命，違背沙門的目標。

　　放逸猶如死亡。問問自己：「當我死時，還會有時間修行嗎？」要時常自問：「我何時會死？」若我們能如此思惟，心分分秒秒都會保持警覺。心不放逸，正念就會自動生起，智慧將更清晰，更能如實了解一切事物。正念將守護心，不分晝夜隨時覺知生起的感受。這就是具有正念，有正念即能鎮定，鎮定即能不放逸。若人不放逸，這就是正確的修行，也是我們的職責。

【注釋】

①為許多比丘舉行有關經典知識的筆試，有時是針對日常生活中運用教法的難題。有時就如阿姜查所指出的，對於他們在日常生活教導上的實踐是一種傷害。

②每位比丘都有條行禪的步道，由在家信眾清理，每條步道約有十至二十公尺長，比丘日夜都會使用。

③比丘 (bhikkhu) 原語係由「求乞 (bhikṣ)」一詞而來，即指依靠別人的施捨維生者。亦可解釋為「破煩惱者」(bhinna-kleśa)。

【第六章】為何我們生於此？

這次雨安居我不太有體力，身體欠安，所以來山上呼吸點新鮮空氣。人們來拜訪，我也無法如往常般接待他們，因聲音沙啞，氣息奄奄。大家現在還能看見這身體坐在這裡，也算是種福份，很快就會看不見了。氣將盡，聲將息，它們會如其他所有因緣和合的事物般，隨著其他支撐的元素一起消逝，佛陀稱此為「滅盡衰滅」(khaya vayaṃ)。

根本沒有任何人
只有地、水、火、風

它們如何壞滅？想像一塊冰，它原來只是水，將它冷凍後就變成冰，但不久就融化了。取一大塊冰放在太陽下，可以看見它如何消解，身體也差不多是如此。它會逐漸瓦解，不久就只剩下一灘水，這就稱為「滅盡衰滅」。自古以來，它一直如此，當我們出生時，就帶著這壞滅的本質來到世間，無從迴避，從一出生，老、病、死就和我們結伴而來。

所以，佛陀要說「滅盡衰滅」。現在，所有坐在講堂裡的人，無論比丘、沙彌或在家男女，無一例外，都是一堆會壞滅

戒

元素的組合。現在這堆東西就如冰塊一樣堅固，冰塊從水開始，暫時變成冰，然後融化。你們能看見自己身體的這個敗壞過程嗎？看看這身體每天都在老化——頭髮在變老，指甲在變老，每樣東西都在變老。

你們不會一直都像這樣，會嗎？過去的你們要比現在小很多，現在長大與成熟了。從現在起，你們將隨順自然的方式，慢慢衰老。身體就如冰塊一樣衰壞，很快就消失了。

一切的身體都是由地、水、火、風四大元素所組成，匯聚後稱之為「人」。我們受它迷惑，說它是男人或女人，為它命名而稱某某先生、女士等，如此一來，更容易相互辨認。但事實上，其中沒有任何「人」，只有地、水、火、風。當它們聚合成形時，我們稱這結果為「人」，但切莫高興得太早，若真的深入觀察它，其中根本沒有任何「人」。

身體堅硬的部分——肉、皮膚、骨頭等，稱為「地界」；身體液體的部分則是「水界」；身體溫暖的機能是「火界」；在身體裡流動的氣體則是「風界」。

在巴蓬寺有具看來既非男也非女的身體，它是具骷髏，掛在大會堂中。看著它，你不會有男人或女人的感覺。人們彼此詢問那是男人或女人，而所能做的只是茫然地面面相覷。它只是

具骷髏，所有的皮、肉都消失了。

人們
從不曾真正看過自己

人們對這些事都很無知。有些人來到巴蓬寺，走進大會堂，看見骷髏立刻奪門而出！他們不忍卒睹，害怕骷髏。我想這些人以前一定未看過自己，他們應該反省骷髏的珍貴價值。要到寺院來必須乘車或走路，若沒有骨頭，怎麼辦得到？他們能走路嗎？但坐車來到巴蓬寺，走進大會堂，看見骷髏卻奪門而出！他們從未看過這東西，其實他們生來就有一副，卻從未看過它。

現在有機會看見，真的非常幸運。即使老人看見也會受到驚嚇，這究竟是怎麼一回事？這表示他們對自己完全陌生，不曾真的認識自己，也許回家後會失眠三、四天……不過，他們仍和一副骷髏睡在一起！無論穿衣、吃飯或做任何事都在一起，但他們卻害怕它。

人們如此疏於接觸自己，真是可憐！他們總是向外看，看樹、看人、看外界事物，說：「這個是大的」、「那個是小的」，「這是短的」、「那是長的」。他們如此急於看其他東

戒

西，但從不曾看過自己。老實說，人們真的很可憐，他們沒有
皈依處。

在受戒儀式中，戒子必須學習五項基本的禪修主題：頭髮、
體毛、指甲、牙齒、皮膚。①有些學生和受過教育者在儀式中
聽到這部分時會暗自竊笑：「到底阿姜想教我們什麼呢？竟然
教導一生下就有的頭髮，他無須教這些，我們早就知道了。為
何要教導我們早已知道的事呢？」

愚人就是如此，自以為早就看過頭髮了。我告訴他們，當我
說「看頭髮」時，意思是如實地看見它，如實地看見體毛、指
甲、牙齒與皮膚。

這才是我所謂的「看」──不是表面上的看，而是如實地
看。若能看見它們的實相，就不會迷失於事物之中。頭髮、指
甲、牙齒、皮膚的實相是什麼？它們漂亮嗎？乾淨嗎？有任何
真實的實體嗎？是穩固的嗎？不！它們什麼都不是。它們既不
漂亮，也無實體，但我們想像它們有。

身體
就是禪修的主題

人們確實迷戀頭髮、指甲、牙齒、皮膚這些東西，佛陀以身

體的這些部分作為禪修的主題，教導我們要覺知它們。

身體是短暫、不圓滿與無主的，既非「我」，也非「我的」。我們一生下來就被騙了，它們其實是污穢的。假設一星期不洗澡，還會有人敢靠近我們嗎？我們聞起來臭死了！當許多人一起辛勤工作，都汗如雨下時，那味道是很可怕的。回家用香皂和清水刷洗身體後，香皂的香氣取代了它，味道就比較好聞了。擦香皂似乎會讓身體變香，但事實上，它的臭味仍然存在，只是暫時被壓抑住而已。當香皂味消失後，身體的味道就回來了。

真正皈依處
即在自己的心

現在，我們普遍認為身體是漂亮、可愛、長壽而強壯，且永不衰老、生病或死亡。我們受到身體的迷惑，因此忽略真實的皈依處──心，就在自己身體裡面。

我們現在坐在這講堂裡，或許很大，但不可能是真實的皈依處。我們可能認為講堂是我們的，但它不是，鴿子、壁虎和蜥蜴也在此尋求庇護，我們和其他生物一起住在這裡，這只是個暫時的棲身之所，我們遲早得離開它。人們將這些棲身之所，

誤認為真實的皈依處。

因此，佛陀說尋找你的皈依處，意思是尋找你的真心。這顆心非常重要，人們通常都不注意重要的事物，反而花時間在不重要的事物上。例如當整理家務時，他們會彎下身來擦地板、清洗碗盤等，但從不曾注意過自己的心。這顆心可能發臭了，他們可能很生氣，板著一張臭臉在洗盤子。他們未看到自己的心不太乾淨，這就是我所說的「把暫時的棲身之所當成皈依處」。他們美化房子和住家，但從未想到要美化自己的心；他們沒有檢視痛苦。

佛陀教導我們，在自己的內心尋找皈依處——「當自皈依」。還有誰能成為你的皈依處呢？你可能想依賴其他的事物，但它們是不可靠的；只有當你真正在心裡找到皈依時，才能真正依賴其他的事物。

我是誰？
我為何出生？

因此，你們所有的人，無論在家與出家，今天來到這裡，請仔細思考這個教導。反問自己：「我是誰？我為何在這裡？我為何出生？」有些人並不知道。他們想要快樂，但痛苦卻從不

曾停止，無論貧富、老少都同樣痛苦。一切都是苦。為什麼？因為他們沒有智慧，窮人因貧困而不快樂，富人則因擁有太多而不快樂。

當我還是個年輕沙彌時，曾說過一個譬喻，是關於擁有財富與僕人的快樂——男僕與女僕各一百名，大象、乳牛與水牛各一百頭，任何東西都是一百件。這在家人真的非常享受這一切，但你能想像照顧各一百頭水牛、乳牛與各一百個男、女僕人的情形嗎？你能想像必須照顧這一切嗎？

人們未考慮到事情的這一面，他們只想擁有上百的乳牛、水牛、僕人……。但我說五十頭水牛可能就太多了，光為那些畜生綁上繩子就不得了了！但人們從未想到這點，只想到獲得的快樂，而未想到涉入其中的麻煩。

想要是苦
想不要也是苦

若沒有智慧，身邊的每樣事物都會成為痛苦的根源；若有智慧，這些事物則會帶領我們脫離痛苦。眼、耳、鼻、舌、身、意……你知道，眼睛不一定是好東西，當心情不好時，只是看到別人就能讓你生氣和失眠。你也可能在談戀愛，若得不到想

要的，愛情也是一種苦。因為貪欲，所以愛與恨都是痛苦。

想要是苦，想不要也是苦，想要的東西即使得到後，仍然是苦，因為會害怕失去。一切是苦，你應如何和它相處呢？你可能有棟大豪宅，但若心不好，它就永遠無法如你所願。

你應看看自己。我們為何出生？這一生真的有得到什麼東西嗎？人們在鄉下從小就開始種田，當長到十七、八歲時，便匆匆忙忙地結婚，唯恐沒有足夠的時間賺錢。他們從年輕時就開始工作，以為會變得有錢，直到七十、八十甚至九十歲都還在種田。我問他們：「你從出生就一直工作到現在，如今差不多要走了，你能帶走什麼呢？」除了「我不知道」之外，他們不曉得還能說些什麼。

關於這部分，我們有則諺語：「別沿途停下來採草莓，在你曉得以前，暮色早已降臨。」他們進退兩難，只能以一句「我不知道」來搪塞，坐在草莓園中狼吞虎嚥：「我不知道，我不知道……」

看不見未來的痛苦
以為永遠不會發生

當年輕時你認為單身不太好，覺得有點寂寞，所以去找個伴

陪你一起生活。兩個人在一起後又有摩擦！單身太寂寥，和別人一起生活又有摩擦。

當孩子年幼時，父母親心想：「等他們長大後，我們的日子就會好過一點。」他們養育三個、四個或五個小孩，認為孩子長大後，負擔將會減輕。但當孩子長大後，負擔卻變得更重。就如有一大一小兩塊木頭，你丟掉小的拿起大的，認為會輕一點，但當然不是如此。當孩子年幼時，他們不太會煩你，頂多一糰飯或一根香蕉就好了。當他們長大時，想要一輛摩托車或汽車！好了，你愛小孩，無法拒絕他們，所以設法滿足他們。

問題來了，有時父母親會為此而爭吵：「不要給他買車，我們沒有那麼多錢！」但由於你愛小孩，所以便想辦法借錢，也許還得省吃儉用，才能為孩子買東西呢！接著又有教育的問題：「等他們完成學業後，一切就沒問題了。」但學無止境，他們何時才會結束？只有佛學才有完成之時，其他的學科都只是繞著圈圈打轉，到頭來可真令人頭痛。若家裡有四、五個小孩，父母親會天天吵個不停。

我們看不見未來等在前面的痛苦，以為它永遠不會發生，當發生時，我們才看見它。那種身體與生俱來的痛苦，是很難預見的。

戒

我童年在牧牛時，會拿木炭擦牙齒，以使它們潔白，回家看鏡子，它們是如此美好又潔白，我被自己的骨頭給愚弄了。當我五、六十歲時，牙齒開始鬆動，掉落時非常疼痛，尤其當吃飯時真的很痛，嘴巴好像被踢到一樣，只得去找牙醫通通拔掉。現在我使用假牙，真牙帶給我許多麻煩，我不得不把它們全部拔掉，一次十六顆。牙醫不願一次拔十六顆牙，但我對他說：「請把它們全部拔掉，一切後果我自行負責。」所以他一次就全部拔掉。但那真的是很魯莽，拔掉牙齒後，我有兩、三天完全無法進食。

身體
並不值得信賴

小時候牧牛時，我認為磨亮牙齒是件很棒的事。我喜歡我的牙齒，認為它們很好。但最後它們還是得離開，那疼痛幾乎要了我的命。經年累月都被牙痛折磨，有時上、下牙齦還會同時腫起來呢！

你們將來可能有機會親身經驗這件事，若你的牙齒還不錯，每天刷牙以保持光亮、潔白，小心！它們日後可能會開你一個大玩笑。

現在，我只是讓你們知道這些事，關於這痛苦是從我們的身體裡生起的，身體裡並無任何東西值得信賴。當年輕時它還不錯，但年老時它就會開始不靈光，每樣東西都開始搖搖欲墜。一切因緣皆隨順自然法則而行，無論我們哭或笑、處於痛苦或險阻中、生或死，對它們而言都沒有差別，沒有任何知識或科學可改變這自然法則。你也許可找個牙醫看牙，但即使他能醫治，它們終究會走上自然的道路。最後，連牙醫也會有相同的困擾，一切事物終歸毀壞。

趁年輕有力時修行
莫等待年老

趁著還有些活力，我們應該深思這些事，應趁年輕時修行。若你想作功德，趕緊起身力行，莫留待老年。大多數人想等年老時才上寺院修行，不論男女都說同樣的話：「我想等年老時再說。」我不知他們為何那麼說，一個老人還能有多少活力？讓他們和年輕人賽跑，看看有何差別。留待老年才修行，猶如他們永遠不會死一樣。當他們到五、六十歲時，「嗨，婆婆！讓我們去寺院吧！」「親愛的，你去吧！我的耳朵已經不靈光了。」

戒

你們了解我的意思嗎？當她的耳朵還好時，她聽些什麼呢？「我不知道！」只管採草莓，最後耳朵不靈了才去寺院。那是沒有希望的，她在聽開示，但對內容卻毫無頭緒。人們一直等到無能為力時，才想到要修行佛法。

這些事是你們應該去觀察的，它們是我們的繼承物，會變得愈來愈沈重，成為每個人的負擔。過去我的腳強壯耐跑，現在只是走路就很吃力；以前腳帶著我，現在我得帶著它們。小時候我看到老人從座位上站起來時會發出呻吟，即使到了這地步，他們仍未學到教訓。坐下時，他們「哎喲！」站起來，他們也「哎喲！」一直都這樣「哎喲！」但他們不知是什麼讓自己如此呻吟。

即使到了這時候，人們仍不了解身體的禍害，永遠不知何時會和它分離。這樣的痛苦，純粹是因緣隨順自然法則所造成，人們稱它為關節炎、風溼病、痛風等，醫師開藥方，但永遠無法完全治癒。最後它還是會毀壞，連醫師也是如此！這是因緣隨順自然的軌道而行，這是它們的法則，它們的本質。

現在，請看這個！若你早點看見它，就會好過一點，一如看見毒蛇在前方的路上，便可避開而不被咬到；若未看見牠，就可能會一腳踩上去。

痛苦生起時，人們往往不知所措，應如何處置它呢？他們想要避開痛苦，想要解脫；但當它生起時，卻不知如何對待它。他們就如此渾渾噩噩地活著，直到衰老、生病……然後死亡。

從前，據說在人生重病時，最親的人應在其耳邊輕聲地唸「Bud-dho、Bud-dho」，此時念佛對他而言有什麼用？念佛對一個朝不保夕的人而言有何利益？為何不趁年輕力壯時學習念佛呢？如今在氣息奄奄時，你上前對她說：「媽媽！Bud-dho、Bud-dho！」為何要浪費自己的時間呢？你只會令她感到困惑，不如讓她平靜地去吧！

有了「家眷」
就只能待在限制區

當人們新婚時，夫妻相處融洽，但年過半百後，卻無法相互了解。無論太太說什麼，先生都難以忍受，而無論先生怎麼說，太太也都充耳不聞。彼此形同陌路。

我是持平地說，因為我不曾結婚。我為何不曾組過家庭呢？只要看「家眷」(household)②這個字，就可知道它是怎麼一回事。什麼是「家眷」呢？「眷」就是種「約束」(hold)，若有人拿繩子將坐在這裡的我們綑綁起來，你作何感想？那就叫做

「被約束」 (being held)，範圍受到限制。男人住在其限制範圍內，女人亦然。

「家眷」此字頗為沈重，不要小看它，它是個真正的殺手。「眷愛」或「約束」是個痛苦的象徵。你哪裡也去不了，只能待在限制的範圍裡。

我們再看看「家」 (house) 這個字，它是指「鬧哄哄的地方」。你們烤過辣椒嗎？整間屋子都很嗆人，燻得人眼淚直流。「家眷」這個字就透露了煩惱的訊息，它不值得投入生命，因為它我才能出家，並堅持不還俗。

「家眷」是令人恐懼的，它會困住你，讓你無法脫身。你必須操心孩子、金錢與其他各種問題，到死都爭吵不休。但你能去哪裡？你被綁住了，無論它有多痛苦，你哪兒也去不了，淚流不盡，若無家的束縛，也許就可不再流淚，除此之外別無他法。

誰說受夠了
那只是在騙自己

仔細深思這一切，若你還不了解，也許未來會了解。有人已學過它而到達某種程度，有人則已快解脫束縛。「我應留下來

或該離開呢？」巴蓬寺大約有七、八十間茅篷，當快住滿時，我告訴執事比丘留下幾間空房，以保留給一些和配偶吵架的人。結果不出所料，沒多久就有位女士拎著皮箱前來。「隆波，我受夠了這世界。」「唉！別那麼說，沒那麼嚴重啦！」然後丈夫也來說他受不了了。待在寺院兩、三天後，他們的厭世感就消失了。

他們說受夠了，那只是在騙自己。

他們前往茅篷獨自靜坐，不久後便開始心想：「老婆何時會來請我回家？」他們並非真的知道問題出在何處，厭世感跑到哪裡去了？在某些事情上一遇到挫折就到寺院來。在家裡任何事都看不順眼：丈夫不對，妻子不對。但經過三天安靜的思考後，「嗯！老婆才是對的，是我錯了。」「老公是對的，我不該這麼難過。」他們換邊站了。

事情就是如此，所以我看淡世間，我已知道它的前因後果，因此選擇比丘的生活。

這是你們的家庭作業。無論你們是務農或在城裡工作，好好地思考我說的話。問你自己：「我為何出生？我能帶走什麼？」反覆地問自己。若確實地做就會變得有智慧，否則便會繼續無知。若現在無法完全了解，也許不久後就能了解。「哦！那就

是隆波所說的意思，我以前一直無法了解。」

　　我想今天這樣就夠了。若講太久，這把老骨頭會太累了！

【注釋】

①這是「身念處」十四種禪修法之一，是將身體分成三十二部分作為禪修的主題，前五項即是頭髮、體毛、指甲、牙齒、皮膚。修持時以厭惡作意正念於身體各部分的不淨，是止業處；若以四界（地、水、火、風）觀照，是觀業處。修習此法能去除對五蘊的執著而獲得解脫，是佛教特有的修行方式。參見《清淨道論》第八〈說隨念業處品〉與第十一〈說定品〉。

②這是個泰語的文字遊戲。泰文的家庭是khrop khrua，字面上意指「灶房」或「火窟」。英譯本是選擇一個相對應的字來表示，而非依泰文直譯。

【第七章】欲流

　　欲流 (kāmogha)——耽溺於色、聲、香、味、觸的感受裡。因我們只看外在，未向內看，所以才會耽溺。人們不看自己，只看別人，他們能看其他任何人，卻看不到自己。這並不困難，只是人們還未真正去嘗試而已。

　　例如看到美女，你會有何反應？你只是在看自己心裡的東西而已。看到女人時是怎麼一回事？當你看見臉時，就看見其他一切。你了解嗎？眼睛只看到一小部分，心接著就看見其他一切，它為何如此迅速？

佛陀把修行
留給我們去做

　　那是因為你已陷入欲流中，被困在自己的意念與幻想中。就好像你遭到別人控制成為奴隸，他們叫你坐下就得坐下，叫你走路就得走路。你不能違抗，因你是他們的奴隸。受感官奴役也是如此，無論你多麼努力，就是無法擺脫它。若想請人代勞，那只會帶來更多麻煩，你必須親自解決它。

　　因此，佛陀把修行、解脫痛苦留給我們去做。例如涅槃，佛

陀已徹底覺悟，為何他不詳細描述涅槃呢？為何他告訴我們要自己去修行，並找出答案呢？有人真的為此發愁：「若佛陀真的知道，」他們說：「他早就告訴我們了，為何要有所隱瞞呢？」

這種想法是錯誤的，我們無法那樣看見實相，必須練習、修行，才可能看見。佛陀只是指出開發智慧的方法，如此而已。他說我們必須修行，唯有修行者才能達到目標。

但佛陀所教導的道路，和我們的習性相牴觸。少欲、自制——我們並不真的喜歡，因此會說：「為我們指出道路，指出涅槃之路，好讓喜歡安逸的我們也能到達那裡。」智慧的情況也是如此，佛陀無法為你指出智慧，它不是件能被隨意轉送的東西。佛陀只能指出開發智慧的方法，至於能開發多少，則取決於個人。人們的福報與積德生來就不同，對「法」的領悟也有快慢的差別。佛陀和弟子們都必須為自己修行，雖然如此，他們仍依賴老師們的忠告以及所教導的修行技巧。

疑惑
無法只藉著聽法而消除

現在當我們聞法時，可能想透過聆聽，直到一切疑惑消除，

但它們永遠無法只藉由聆聽而清除。疑惑無法單靠聽聞或思考而克服，只是聞法無法帶來覺悟，雖然它是有益的。在佛陀時代，有人在聞法時開悟，甚至達到最高的阿羅漢果，但那都是智慧已高度開發的人，他們早就相當了解了。例如足球灌滿氣時就會膨脹，裡面的空氣都搶著要衝出來，只是苦於找不到出口，此時只要有根針刺破它，空氣立刻就疾射而出。

那些只是藉由聞法就能覺悟的弟子，他們的心猶如這顆足球，裡面有這種「壓力」。但因這掩住實相的小東西，而無法自由，一旦聞法時擊中要害，智慧就會生起。他們立即了解而馬上放下，並領悟真實法。很簡單，如此而已，心因改變或轉向而將自己轉正，從一個觀點到另一個。你可以說它很遙遠，也可說它非常靠近。

耽溺在欲流和有流

這是我們必須為自己做的事，佛陀只能給我們開發智慧所需的技巧。然而在聽完老師的開示後，我們為何無法將實相變成自己的？因有層膜覆蓋住它，可以說是我們耽溺了，耽溺在欲流和有流 (bhavogha) 中。

「有」意指「生之界」①，感官欲望即是在色、聲、香、味、觸與法之中出生，心認同它們，因而執著並受困於愛欲之中。

有些修行者對修行變得疲乏、厭倦與懶散，似乎無法將「法」放在心中，但若受到責罵，則會一直記在心裡。他們也許在雨安居開始時受到責罵，直到安居結束都還未忘記，若印象夠深刻，甚至終生不忘。但一談到佛陀的教法，告訴我們要適度、自制、精進修行，為何人們就無法放在心裡？為何老是忘記？就看在這裡的修行，例如規定餐後洗缽時不可閒聊，似乎連這點都辦不到。即使我們知道閒聊無益，且會將自己綁在愛欲中，人們還是喜歡講話。很快地，他們開始意見不合，終至陷入爭執與口角中。

只要在心上用功

這是最基本的，並非什麼微細或精妙的事，但人們似乎無法在此處真正用心。他們說想要見法，但只想依自己的方式去見，而不願依解脫道修行，因而漸行漸遠。這些修行的標準都是見法的善巧方便，但人們卻不願如法而行。

「老實修行」或「精進修行」並不一定是指必須花很多力氣
——只要在心上用功即可。對一切生起的感覺用功，特別是那
些涉入愛欲者，這些才是我們的敵人。

　　但人們似乎辦不到。每年當雨安居即將結束時，情況就愈來
愈糟。有些比丘已達到忍受的極限，愈接近雨季尾聲情況愈
糟，他們的修行無法維持一貫。我每年都談到這點，不過人們
似乎總記不住，我們訂定一些標準，不到一年就失敗了，閒聊
與應酬又故態復萌。它很容易垮掉，情況一直如此。

　　那些真正對修行有興趣的人，應想想為何會這樣。那是因為
人們不了解這些事的不良後果。

看不見危險
就注定要在生死中輪迴

　　當被接納進佛教僧團時，我們單純地過活，不過有些比丘卻
還俗去上戰場，比較喜歡每天過著槍林彈雨的日子。他們真的
想去，雖然充滿危險，仍準備要去。為何未看見危險？他們已
準備好被槍斃，卻無人想要為增長德行而死。只要了解這點，
你就知道是怎麼回事了，因為他們是奴隸，看不見危險。

　　真的很瘋狂，不是嗎？你也許會認為他們能看見，事實上不

能。一旦看不見就無法從中解脫，注定要在生死中輪迴。事實就是如此，只要說這種簡單的事，我們就可以開始了解。

若你問他們：「你們為何出生？」他們可能很難回答，因為並不了解。他們耽溺在感官與「有」的世界中。「有」是「生」的領域，是我們的出生地。簡而言之，生命從哪裡出生？「有」是「生」的肇因，凡是有「生」的地方，就有「有」。

假設我們擁有一座特別喜愛的蘋果園，若不以智慧反省，對我們而言，那就是一個「有」。怎麼說呢？假設果園有一百棵或一千顆蘋果樹，只要自認它們是「我們的」樹，我們就會「生」在每棵樹中——如一隻蟲般出生。就某種意義而言，「有」的心已鑽進每棵樹中，即使身為人類的身體仍在家裡，但我們已將「觸角」伸進每棵樹中。

我們如何知道那就是「有」？因我們執著「那些樹是我們的」這想法，所以它是「有」（生之界）。若有人拿斧頭砍了其中一棵樹，遠在自家中的我們也會隨樹而「死」。我們會暴怒，且一定得討回公道，也許會為它和人吵架，那個爭吵即是「生」。「生之界」是執著為我們所有的果園，就在認為它是屬於我們所有的觀點上「出生」。

執著「我」
輪迴就會轉動

　　無論執著什麼，我們就在那裡出生，就存在那裡。一「知道」時我們便出生，這是透過無知的「知」。我們知道有人砍了一棵「我們的」樹，但不知那些樹並非真的是「我們的」，這就是「透過無知的知」。我們一定會在那個「有」中「出生」。

　　輪迴 (vaṭṭa)——因緣存在之輪——就如此轉動，人們執著於「有」、依賴「有」。若珍愛「有」，就是一個「生」。此外，若為了相同的事落入苦之中，這也是「生」。只要我們無法放下，就會被困在生死的軌道中不斷輪迴，要觀察這點，深入思惟它！只要有「我」或「我的」的執著，就是「出生」的地方。

　　在「出生」發生之前，必定有個「有」——「生之界」。因此佛陀說：「無論你有什麼，別『擁有』它。」隨它去，別將它變成你的。你必須了解「擁有」與「不擁有」，知道它們的實相，別在痛苦中掙扎。

　　你願意回到出生處再出生一次嗎？仔細觀察這點。比丘或禪修者愈接近安居的尾聲，就愈積極準備回去，並在那裡「出生」。

你被什麼困住？
你執著什麼？

　　其實你可以想像一下，住在一個人肚子裡的感覺如何。一定很不舒服！只要想像待在茅篷一天就夠了，關起所有門窗，就已經快窒息了。那麼躺在一個人的肚子裡九或十個月會是什麼感覺呢？人們看不到事情有害的一面。問他們為何活著，或為何出生，結果一無所知。你還想再回去那裡嗎？你被什麼困住了呢？你執著什麼？

　　那是因為有個「有」與「生」的因。在這座寺院的大會堂裡，我們有個裝在罐子裡以防腐劑保存的流產嬰兒，有人因而得到啟示嗎？沒有。躺在母親肚子裡的嬰兒就如保存在罐裡的胎兒，而你竟然會想製造更多那種東西，甚至還想回去被泡在那裡。你為何看不到其中的危險與修行的利益呢？

　　那就是「有」，根就在那裡，每件事都以它為中心。佛陀教導我們思惟這個要點。人們想到它，但尚未看見，全都準備好要再回去那裡。他們雖知道那裡不太舒服，但仍想一頭鑽進去，將脖子再次套進圈套裡，也可能知道這圈套真的很不舒服，仍想將頭放進去。他們為何無法了解這點？

　　當我如此說時，人們會問：「若真是這樣，則每個人都應出

家才對，如此一來，世間要如何運轉呢？」你是永遠無法讓每個人都出家的，所以別杞人憂天。這世間因愚痴的眾生而存在，因此這件事絕不單純。

我在九歲時出家成為沙彌開始修行，但那時還不太清楚究竟是怎麼回事，直到成為比丘後才找到答案。身為比丘，我凡事都小心翼翼，不受人們熱衷的欲樂所吸引，我了解其中的痛苦。那就如看見一條可口的香蕉，知道它很甜，不過也知道它有毒。無論它有多甜或多誘人，我知道若吃了就會致命，我一直如此自我提醒。每次我想「吃香蕉」時，就會看見其中的「毒」，最後都能打消興趣，從中全身而退。現在到了這年紀，這種東西已絲毫吸引不了我了。

有人看不見毒，有人雖看見但仍想碰運氣。不過誠如他們所說：「若你傷了自己的手，就不要去碰有毒的東西。」

放棄欲樂
須使用善巧的方便法

從前我也想過要體驗一下，在經歷五、六年的比丘生活後，想到了佛陀。他修行了五、六年後，結束了世俗的生活，而我對它仍有興趣，想回去試看看：「也許我應該去『建設世間』

一陣子，獲得一些經驗與學問。即使如佛陀也有個兒子羅睺羅(Rahula)，也許我對自己太嚴格了。」

我坐著思惟這件事好一會兒，之後我領悟到：「是的！那都很好，但我只怕這個『佛陀』不像上一個吧！」我心裡有個聲音說道：「我恐怕這個『佛陀』會深陷泥淖中，不像上一個那樣。」因此打消了那些世俗的念頭。

從第六或第七次到第二十次雨安居期間，我真的打了一場硬仗。最近似乎已將子彈用盡，我已發射了好一段時間。年輕的比丘與沙彌還有很多彈藥，可能想去試試自己的槍，但在嘗試之前，應先考慮清楚。

愛欲真的很難放棄，也很難看清楚它的實相，必須使用一些善巧的方便法。想像欲樂猶如吃肉，肉被夾在齒縫裡，在結束用餐前，必須找根牙籤挑出來，當剔出時你暫時鬆了一口氣。你可能決定不再吃肉，但當又看到時卻無法抗拒，你吃了一點，然後它又塞住了。接著，你必須再將它挑出來，鬆一口氣後再繼續吃。欲樂的情況就像這麼一回事，壓力愈積愈大，然後你就得先紓解一下。事情就是如此，我不知這樣的無謂紛擾，到底有何意義。

我並非從別人那裡學到這些，它們全都發生在我的修行過程

中。我坐禪時會思惟欲樂猶如紅螞蟻窩，有村民拿木頭去戳螞蟻窩，螞蟻全都衝出來爬到木頭與臉上，咬他的眼睛與耳朵②，而他卻還未看見身處的困境。

未見害處
就無法脫離

不管怎麼說，那並未超出我們的能力。佛陀教導我們，若我們看見某件事物的害處，無論它表面看來有多好，都應知道它是有害的，但若看不見害處，就只會看見它的好處。若未看見害處，我們就無法脫離它。

你們注意到了嗎？有些「工作」無論它有多髒，還是有人喜歡。這件工作並不乾淨，但你無須花錢請人做，他們會很樂意自願來做，別的骯髒工作即使有不錯的報酬，他們也不會做。但對於「這個」骯髒工作，他們卻甘之如飴，你無須付錢。若是骯髒的工作，人們為何會喜歡呢？當他們如此表現時，你怎麼能說那種人是聰明的呢？

看看寺院裡一大群的狗兒們，牠們四處追逐互咬，有些還因此殘廢。大約過一個月後，牠們又會再出現，每當有隻小狗加入狗群，大狗就會追咬，牠因而拖著一隻被咬傷的腿邊跑邊

叫，當狗群奔跑時，牠會蹣跚地跟在後面。牠還只是隻小狗，但想總有一天會有機會，牠們咬傷牠的腿，牠的麻煩頂多就是如此。在一整個交配季節中，牠可能連一次機會也沒有。在寺院這裡，你們可以自己去看。

世間法或佛法
完全是你的選擇

　　當這些狗成群奔跑嚎叫時，我猜想若牠們是人類的話，可能正在唱歌！牠們認為這很有趣，所以正在引吭高歌，但對為何要這麼做卻毫無頭緒，只是盲目地追逐自己的本能。

　　仔細思考這點。若真的想要修行，應該了解自己的感覺。例如，在比丘、沙彌與居士中，應該和誰交往？若結交很喜歡講話的人，他們也會讓你說個不停。你自己份內的事就已夠多了，而他們的更多，把它們加在一起，它們會爆炸！

　　人們喜歡和七嘴八舌與談論是非的人交往，可以好幾個小時坐著聽他們講話；但當他們前來聆聽有關修行的開示時，卻意興闌珊。當我開始開示時──「Namo Tassa Bhagavato（皈敬世尊）……」③──他們都睡著了，完全不在意佛法。當我唸到「Evaṃ（如是）」時，又張開眼睛醒過來，他們如何能得到

利益呢？真正的修行者聽完開示離開時，會感到激勵與振奮，因為有學到一些東西。

　　仔細想想你會選擇哪一條道路。每一刻當你站在世間法與佛法的十字路口時，會選擇哪一條路？那完全是你的選擇。若你想解脫，這便是關鍵時刻。

【注釋】

①「界」(sphere) 意指心時常活動於或到訪的某境地，所到訪的某境地是依界而名的生存地，如欲地、色地、無色地。心之界則指心活動於某境地，如欲界心即指渴望享受色等欲望的心，包括一切主要出現於欲地的心。此處的「生之界」即指心活動於某境地。

②在泰國東北方，紅螞蟻和牠們的蛋，都被拿來作為食物，這種挖取螞蟻窩的事在當地頗為常見。

③「Namo Tassa Bhagavato（皈敬世尊）……」是傳統禮敬佛陀的第一句巴利語，在正式開示之前念誦。Evaṃ（如是）則是結束談話時所使用的傳統巴利語。

【第八章】實相的兩面

我們的生活有兩種可能：陷溺於世間或超越它。佛陀是能從世間獲得自在者，因此他了解心靈的解脫。

同樣地，知識有兩種——世間的知識，與心靈的知識或真實的智慧。若我們未曾修行與自我訓練，無論擁有多少知識，那都是世間的，無法讓我們解脫。

世間的知識
只是永無止盡的追逐

仔細思考與觀察！佛陀說世間法讓世間運轉。追逐世間，心就陷入世間，無論去來都染污它自己，永遠無法維持滿足，世間的人一直都在追逐某些東西，永不知足。世間的知識是無知的，缺乏清晰的了解，因此永無止境。它圍繞著世間的目標——積聚財物、獲取地位、尋求讚美和快樂而運轉，一團愚痴牢牢地困住我們。

一旦我們得到某些東西，就有嫉妒、憂慮與自私。當感到威脅時，身體無法避開，便轉而以心去發明各種裝備，製造武器，甚至核子彈，到最後只會同歸於盡而已。為何有這些麻煩

與難題呢？

這就是世間之道，佛陀說若有人走上這條路，將永遠到不了終點。

請為解脫而修行吧！要符合真實智慧而生活並不容易，但只要認真追尋解脫的道與果，並心向涅槃，就能保持精進與安忍。安忍於少欲知足──少吃、少睡、少說話，過簡樸的生活。藉由這些作法，我們就能了結世間法。

若未根除世間法的種子，我們就會持續在無止境的輪迴中受苦。即使出了家，它仍會繼續糾纏你，它創造你的見解與觀點，為你的一切思想著色與美化，事實就是如此。

不可能
取悅所有的人

人們不了解這點，而說將在世間完成某些事情，那都只是一廂情願的想法。猶如剛上任的首長急於推行新政，他胸有成竹，將舊政府的一切全部更新，說：「看吧！一切都由我來！」他們就是這麼做，搬進搬出，其實什麼事也沒完成，根本無任何真實的成就。

你無法做一件事可以同時取悅所有的人──有人喜歡少或

多，有人喜歡短或長，有人喜歡鹹或辣，要讓每個人都認同是不可能的。

我們都希望在有生之年能完成某些事，但這世界相當錯綜複雜，讓人幾乎不可能達到真正的圓滿。即使生為尊貴王子的佛陀，擁有一切最佳的機會，也無法在世俗生活中找到圓滿。

佛陀談到欲望，以及六種能滿足欲望的事物——色、聲、香、味、觸、法。對樂與苦、善與惡等的欲求，乃至遍及一切事物！

形色——沒有任何形色可和女人相比，不是嗎？難道美色當前時你不會想看嗎？一個婀娜多姿的身影向你走來時，你會忍不住盯著她瞧！那麼聲音呢？沒有一種聲音比女人的聲音更能吸引你，它令你意亂情迷！香氣也是如此，女人的香氣是最迷人的，任何香氣都無法和它相比。味道——即使最可口的美食，也比不上女人。觸感也是一樣，當你愛撫女人時，你如痴如醉、天旋地轉。

感官的對象
是惡魔的陷阱

在古印度，曾有個來自塔克西拉 (Taxila) 的著名魔法師，他

將一切咒術與魔法都傳授給一名弟子。當這名弟子學有所成準備離開時，他給弟子最後的叮嚀：「我已將一切符咒與魔法都傳給你了，對於尖嘴獠牙或頭上長角的眾生，都無須害怕，我保證對付他們你將綽綽有餘。不過，有種東西是我無法保證的，那就是女人的魅力。對此我無能為力，沒有任何咒語可以與之對抗，你必須好自為之。」

兩性互相吸引──女人對男人造成問題，男人對女人也是如此，他們是彼此的對手，若彼此別住就不會有麻煩。當男人看見女人時，他的心就像搗穀子般七上八下，女人看見男人時也是如此。這是什麼？這些是什麼力量？它們令你深陷其中，但無人了解這是要付出代價的。

念頭在心中生起，是由欲望出生──渴望珍貴的物品、希望富有，或不停地追求某種東西。這種貪欲並不深刻、強烈，不致讓人暈頭或失控。但當性欲生起時，很快就會讓人失去平衡與控制，甚至忘記養育你長大的父母！

佛陀教導我們，感官的對象是種陷阱──惡魔①的陷阱。我們應了解惡魔是會傷害人的事物，而陷阱則如羅網般是困住人的事物。它是獵人──惡魔所設的陷阱。

當動物掉入獵人的陷阱時，就陷入悲慘的處境。牠們被牢牢

地困住，只能坐以待斃。你們曾捕過鳥嗎？陷阱彈開，「啵」一聲頸子就被扣住，一條強韌的繩子緊緊繫住牠，任憑牠如何掙扎，都無法逃脫。牠驚嚇得拚命亂飛，但絲毫無濟於事，只能等待陷阱主人出現。當獵人前來時，牠被逮個正著，無處可逃！

貪戀感官
終將無法自拔

色、聲、香、味、觸、法的陷阱也是一樣，它們抓住我們，並將我們牢牢地綁住。若你貪戀感官，那麼就如同上鉤的魚兒般，在漁夫來之前，如何努力都無法掙脫。事實上，你並不像被捕獲的魚，而更像青蛙，牠將整隻鉤子都吞到肚子裡去，而魚只是嘴巴被勾住而已。

所有貪戀感官的人都如此，就如肝臟還未被徹底破壞的酒鬼，不知何時會暴斃。他們肆無忌憚地酗酒到無法自拔，就等著承受病痛的苦果。

一個路人極為口渴，很想喝水，於是停在路邊向人要水喝。供水的人說：「若你喜歡，就可以喝。這水的色、香、味俱佳，但我必須先告訴你，喝了後會生病，嚴重時甚至會致命或

奄奄一息。」但口渴的人聽不進去，他就和手術後七天未喝水的人般口渴，迫切需要水！渴求欲愛的人就是如此。佛陀教導我們，它們是有毒的，色、聲、香、味、觸、法都是毒，是危險的陷阱。但此人太渴了而聽不進去，「給我水，無論結果會多麼痛苦，讓我喝！」因此他倒了一點水吞下去，發覺味道還不錯，便肆無忌憚地喝個夠，之後病到奄奄一息。他因為難以忍受的欲望而聽不進任何忠告。

身陷欲樂中的人就像這樣，他暢飲色、聲、香、味、觸、法——它們是如此美妙！因而無法自拔地不停暢飲，直到死亡都被牢牢地困住。

厭離心未生起
是因為還未看清楚

有些人因欲望而死，其他人不死也只剩半條命，被困在世間法中就是如此。世間的才智都在追逐感官和它們的對象，無論這追求和對象有多明智、動人，也只是世俗意義上的明智、動人，它並非解脫的快樂，無法讓人從這世間獲得自在。

我們出家修行，目的就是為了洞見真實的智慧，去除執著。藉由修行解脫貪著！觀察身體和周遭一切事物，直到對它們感

到厭倦與不著迷為止，然後就會生起厭離心。厭離心不會輕易生起，因為你還未看清楚。

我們來出家、受戒，我們研究、讀誦、練習與禪修，下定決心要堅定不移，不過這很困難。當我們決心做一些修行，並宣稱要如此修行，但才過一兩天或幾小時，就全忘光了。然後又記起，並嘗試讓心再次振作。「這次，我一定會做好！」不久後，又被另一個感官拖走而再次失敗，於是又重新開始！事實就是如此。

我們的修行就如粗製濫造的水壩一樣脆弱，仍無法看見和遵從真實的修行，它會持續直到獲得真實的智慧為止。一旦洞見實相，我們就能從一切事物中獲得自在，內心始終平靜。

習氣
使我們的心不得平靜

由於習氣，我們的心不得平靜，因為過去的行為我們繼承了這些，使它們如影隨形地困擾我們。我們努力尋找出路，但卻受制於它們而求出無門。這些習氣忘不了它們常去的地方，並掌握一切熟悉的舊事物，盡情地使用、眷戀與揮霍——我們就是如此活著。

無論多麼努力想讓自己解脫，除非你看見解脫的價值與禁錮的痛苦，否則永遠無法放下。你經常盲目地修行——忍辱、持戒，卻只是依循形式，並非為了達到自在或解脫而修行。在能真正修行之前，你必須看見放下貪欲的價值，唯有如此，真正的修行才可能展開。

　　你做每件事，都必須以正念、正知去做。當你清楚地看見時，就無須有任何忍耐或勉強，會遭遇困難或挫折，是因為不了解這點。平靜，來自於將身心完全投入工作中。只要你有未完成的事，就會有不滿意的感覺，這些事會綁住你，無論到哪裡都會掛心。你想完成每件事，不過那是不可能的。

　　以經常來此看我的商人們為例。「當我的債務還清，財務運作正常時，」他們說：「我就會來出家。」他們都如此說，但可能讓每件事都正常運作嗎？那是永無止境的。他們以新的貸款來清償舊債，然後就得再付清這新貸款，一切又從頭開始。商人以為還清債務就會快樂，但債務是循環的，永無了期。世間法就是如此愚弄我們，我們被耍得團團轉，永遠不了解自己身處的困境。

戒

修行
就是直接觀察心

在修行中，我們只是直接觀察心。每當修行開始鬆懈時就注意它，並讓它更堅定，但沒多久，它再次鬆懈，心便是以這種方式牽制我們。有正念的人會穩定而持續地重建自己，一再把自己拉回來——訓練、修行與增長。

缺乏正念的人只會任它瓦解，一再誤入歧途。他們並未堅強而穩固地立足於修行上，因此不斷被世俗欲望所拉扯，一會兒向東，一會兒向西。他們追逐幻想與欲望而活，永遠跳不出世間的輪迴。

出家並不容易，必須下定決心讓心保持穩固，你應該對修行有信心，堅定不移，直到好惡都不動於心，並洞見實相為止。通常你只對討厭的事不滿，若喜歡某樣東西，你並不會放棄它。你必須對討厭與喜歡的事，以及痛苦與快樂都不動心才可以。

你難道不了解這就是「法」的本質！佛陀的「法」是深奧而精妙的，不容易領會。若真實智慧未生起，你不可能了解它，看不到前因與後果。當經驗快樂時，你以為未來只有快樂；當痛苦呈現時，你又以為未來只有痛苦。你不了解只要有大就有

小、有小就有大。你不如此看事情，而只看到一邊，因此事情永遠沒完沒了。

事情總有兩面，你必須看得周全。當快樂生起時，不會迷失；痛苦生起時，也不會迷失。當快樂生起時，你並未忘記痛苦，因為了解它們是相互依存的。

同樣地，食物對於一切眾生維持色身是有益的。但事實上，它也可能有害，例如它會造成各種腸胃病。當看見某樣事物的益處時，必須反過來也看到它的害處。當感到瞋恨與憤怒時，應回頭思惟慈悲與諒解。如此一來，你會變得更平衡，心也會變得更安定。

如理思惟
不會執著任何東西

我曾讀過一本關於禪宗的書。如你所知，禪宗強調不立文字。例如，若有個比丘坐禪時昏沉，就會受到禪杖警策，他們會拍打他的背部②。當昏沉的學生被打時，他會對監香者合掌稱謝。禪宗的修行，教導人們對一切有助於心靈提昇的事，都要心存感恩。

有天一群比丘在集會，禪堂外有一面幡在風中飄動。有兩位

戒

比丘爭執幡動的原因，一個說是風動，另一個說是幡動，他們
各執己見，如此即使吵到死，也無法獲得共識。此時，老師介
入說：「你們兩個都不對，正確的看法是：既無幡，也無
風。」

這才是修行：放下一切，既無幡，也無風。若有幡，就有
風；若有風，就有幡。你應徹底思惟與反省這點，直到如實了
知，若能如理思惟，就不會執著任何東西。一切皆空——本性
空寂，幡是空的，風也是空的。在大空性中，無旗也無風，無
生、老、病、死。我們世俗對幡與風的理解都只是概念，事實
上一切皆無，如此而已！除了空的假相外，什麼都沒有。

若以此方式修行，我們就會徹底了解，一切問題都能迎刃而
解。在大空性中，死神將永遠找不到你，老、病、死也無法跟
隨你。當我們依據實相——正見，去看見與了解時，將只有這
個大空性，再也完全沒有「我們」、「他們」和「自我」。

感覺就只是感覺
來了又去

世間無盡地流轉，若我們想要完全理解它，只會被它帶入混
亂與迷妄。但若清楚地觀照世間，真實的智慧就會生起。佛陀

就是個通達世間法的人──豐富的世間知識，才有偉大的影響力與領導力。他藉由轉化世間的智慧而生起洞見，獲得出世間的智慧，而成為聖者。因此，若我們依教奉行，向內觀照，將達到一個全新層次的了解。當眼見色時，色不存在；耳聞聲音，聲不存在；鼻嗅香時，香不存在。一切感覺都很清楚呈現，但並無任何實體。它們就只是感覺，生起然後消逝。

若我們能如實地了解，感覺將不再具有實體，它們只是來了又去的感受。在實相中，根本沒有任何「事物」，若無任何「事物」，則無「我們」與「他們」。若無「我們」，則無一物是屬於「我們的」，以此方式止息痛苦，既然無任何人得到痛苦，那麼是誰在受苦呢？

當痛苦生起時，我們執著苦，因此必須真的去受苦。同樣地，當快樂生起時執著樂，結果經驗了歡樂。執著這些感受而造成自我的概念，因此「我們」與「他們」的想法就持續顯現。一切都從此開始，然後把我們帶往無盡的輪迴。

前來森林
不是為了執著這裡的生活

因此我們禪修，並如法地生活，離家到森林裡住，汲取它給

戒

我們的心靈平靜。我們逃離，並非因為恐懼或逃避現實，而是為了戰勝自己。不過，前來住在森林裡的人卻變得執著這裡的生活，就如住在都市裡的人執著那裡的生活般，都迷失在森林或都市裡。佛陀讚嘆森林生活，是因為身心的孤獨有助於解脫道的修行。

然而，他並不希望我們對森林生活有所依賴，或耽溺於它的平靜與安寧中。我們是為了生起智慧而來修行，在森林裡可種植與培養智慧的種子，若有混亂與騷動，種子就很難生長。不過，一旦經歷過森林生活，我們就可以自在地回到都市，面對它帶來的一切感官刺激，住在森林學習的意義，是讓智慧成長與茁壯。將來無論身在何處，我們都能運用這個智慧。

當感官受到刺激時，我們會激動，此時感官成為我們的對手。它們敢來挑戰，是因為我們仍然愚昧，沒有智慧可以處理它們。事實上，它們是我們的老師，但由於我們的無知，而無法如此看待。當住在城市時，我們永遠沒想過感官能教導什麼，真實智慧尚未顯現時，持續將感官和其對象視為敵人。一旦真實的智慧生起，它們就不再是敵人，而成為洞見與智慧的入口。

想想這處森林裡的野雞，每個人都知道牠們有多麼懼怕人。

但住在這裡，我不只可以教導牠們，且能從牠們身上學到東西。我從撒米給牠們吃開始，起初牠們很害怕，而不敢靠近。不過，經過一段時間後，牠們不只習慣了，且還開始期待。你看，這裡可以學到一些東西──牠們本來認為米是危險的，是敵人。事實上，米並不危險，但牠們不知米是食物，所以才害怕。最後，當牠們了解並無危險後，便肆無忌憚地吃了起來。

野雞透過此法自然地學習，我們住在這森林裡，也以相同的方法學習。以前我們認為感官是個問題，且因不知如何正確地使用，而造成很大的困擾。不過，透過修行的經驗，我們學會如實地看待它們，並如雞吃米般學會如何使用，它們就不再和我們對立，問題也就消失了。

不能正確使感官
就會一直處在對峙中

只要我們思考、探究與了解的方式錯誤，這些事情就會和我們對立。但只要我們開始正確地研究，經驗將帶來智慧與洞見。雞最後能夠了解，在某個意義上，可以說牠們是在修觀③。牠們如實覺知，並有自己的洞見。

在修行中，我們擁有可以做為修持工具的感官，當正確地使

用時，將能幫助我們覺悟佛法，這是所有禪修者都必須深思的事。當未清楚地看見時，我們就會一直處在對峙中。

如今，我們生活在森林的寧靜中，持續開發微細的感覺，並為培養智慧做好準備。但住在安靜的森林中，稍微獲得一些內心的平靜，不要認為這樣就夠了，不能僅止於此。記住，我們是來培養與增長智慧的種子。

當智慧成熟且開始如實了解時，我們就不會再被外境愚弄。通常，若心情愉悅，我們表現出一種方式；若心情不好，則表現出另一種方式。喜歡某件東西就會興致高昂，討厭時則會意志消沉，就一直如此活在對立的衝突中。當它們不再與我們對立時，就會變得穩定與平衡，不會再高低起伏。我們了解世間的這些事情，且明白它就是如此，只是世間法。

世間法存在之處
解脫道也在那裡

世間法會轉變成解脫道，世間法有八種，解脫道也有八種④。凡是世間法存在之處，解脫道也存在那裡。

當我們清楚地活著時，所有世間的經驗都會轉變成八正道的修行。若無清楚的正念，世間法就會主導一切，我們也偏離了

解脫道。當正思惟生起時，當下就能解脫痛苦。除此之外，你無法從其他地方得到解脫。

因此不用急躁，別想加快修行。一步步來，溫和、漸進地禪修。若心已平靜，接受它；若尚未平靜，一樣接受它，那是心的本質。我們必須找到自己的修行步調，然後持之以恆。

關於修行，我過去在沒有智慧時曾想過，也許智慧還未生起，我或許可以逼使它生起。但沒有用，事情並未改變。然後，在仔細考慮過後才了解到，我們無法思惟所沒有的事物。

最好的作法是什麼？就是能以平常心修行。若沒有東西讓我們在意，就無對治的必要；若沒有問題，就無須設法解決它。當真的遇到必須解決的問題時，就是它！無須到處尋找特別的事物，只要正常地生活。要覺知心在哪裡，不要縱情過活，要注意與警覺。無事時當然很好，當有事時，則審察與思惟它。

保持警覺
如蜘蛛伺候昆蟲一般

試著觀察蜘蛛！蜘蛛會在任何適當的角落織網，然後就靜靜不動地守在中心。遲早會有隻蒼蠅飛來落腳在蜘蛛網上，只要牠一觸動網子，噗！——蜘蛛突然撲過來，用絲將牠纏住。牠

將蒼蠅收拾好後，便再回到網中心，靜靜地守候。

如此觀察蜘蛛能產生智慧。我們的六根以心為中心，周圍環繞著眼、耳、鼻、舌、身等其他五根。當其中一根受到刺激時，例如眼根接觸到色法——它觸動到心，心是覺知者，它覺知形色。光是如此，就足以令智慧生起，就這麼簡單。

正如蜘蛛在網子裡一樣，我們應獨自守候。只要蜘蛛一感覺有昆蟲碰觸網子，就立即捉住牠、繫住牠，然後再次回到中心。我們的心也是一樣，「回到中心」意指正念、正知地活著，經常保持警覺，精準地完成每件事——這是我們的中心。

其實我們無須做很多事，只要如此小心地生活。但它的意思並非叫我們散慢地生活，以為「無須坐禪或行禪」，因而忘記一切修行的事宜。我們不能大意，必須保持警覺，就如蜘蛛等著捕捉昆蟲為食一般。

我們必須知道的就是這些——坐下來觀照蜘蛛。只要如此，智慧自然會生起。只要這麼多，修行就完成了。

這點非常重要！它並非指日以繼夜都要坐禪或經行，若那是我們的修行觀念，那真是在為自己找麻煩。我們必須考慮自己的精力，根據身體的情況量力而為。

答案就在這裡
還要到何處尋找呢？

充分覺知心與其他五根很重要。知道它們如何來去、生滅，要徹底了解這點！

在「法」的語言中，可以說就如蜘蛛誘捕各種昆蟲一樣，心將各種感覺繫在無常、苦與無我之上。它們能去哪裡呢？我們以它們為食，將它們收存起來作為營養品。這就夠了，無須再做更多的事，就只要這麼多。這是心的營養品，是覺知者與領悟者的營養品。

若知道這些東西都是無常的，終歸於苦，並且不屬於你，那你一定是瘋了才會去追逐它們！若你不是如此清楚地了解，就一定會痛苦。若仔細檢視並了解它們是無常的，雖然表面看來很值得追求，不過事實並非如此，當它們的本質是苦的時，你為何還會想要它們？它們不是我們的，在它們裡面沒有自性，其中沒有任何東西屬於我們，你為何還要追求它們呢？一切問題的答案都在這裡，你還要去何處尋找答案呢？

只要好好地觀察蜘蛛，然後轉向內心，把它轉向自己，你就會了解它們都是相同的。心看見無常、苦與無我後，就會放下並釋放它自己，不再執著苦與樂。這是真正修行者的心的食

戒

物，就是如此簡單，你無須再到其他地方尋找。無論你正在做什麼，就在當下，無須再惹上那麼多的紛擾和煩惱。如此一來，你修行的動力與能量就會持續增長與成熟。

未放下渴愛與貪欲
就無法脫離輪迴

這個修行的動力，會讓你從生死輪迴中解脫出來；我們無法脫離輪迴，是由於未放下渴愛與貪欲。雖然並未作惡或有不道德的行為，但那只表示我們依戒法生活而已。例如人們在唱頌中，祈求一切眾生都能與他們喜歡或所愛的事物永不分離，若你作如是想，這是很幼稚的，它是仍未放下的人的作法。

這是人類欲望的本質——期望的和事實不同，希望長壽，希望沒有死亡與病痛，這就是人們的希望和欲望。因此當你告訴他們，是他們未滿足的欲望造成痛苦時，那無異是當頭棒喝。但他們能怎麼回答？只能無言以對，因為那是實相！你一針見血地指出他們的欲望。

每個人都有欲望，並希望獲得滿足，但無人願意停止或真的想要出離。因此，我們的修行一定要耐心地鍛鍊。那些穩定修行，沒有偏差或懈怠，以溫和而自制的態度堅持不放逸的人

—— 他們都會明瞭。無論發生什麼事，他們都會保持堅定而如如不動。

【注釋】

①惡魔 (Māra)：音譯為魔羅，意譯為殺者、奪命、能奪、能奪命者、障礙或惡魔。一切煩惱、疑惑、迷戀等能擾亂眾生者，均稱為「魔」。

②禪林於糾正僧眾坐禪時之怠惰、瞌睡、姿勢不正所用的方法。警策棒為長扁平形木板，大小、形狀、重量不一，通常長約四尺二寸，上幅稍寬，約二寸左右，柄部圓形。警策之法，師家先輕打昏沉者右肩，以示預告，後再重打予以警覺。受者合掌謝之，打者則橫持警策問訊。

③觀 (vipassanā)：音譯為「毘婆奢那」，意思是「從各種不同的方面照見」。「觀」是直接照見究竟法的無常、苦、無我三相，從而獲得解脫。

④八種世間法是得、失、毀、譽、稱、譏、苦、樂；八種解脫道是正見、正思惟、正語、正業、正命、正精進、正念、正定。

你可以不怕死

No Death, No Fear: Comforting Wisdom for Life

作者｜一行禪師｜Thich Nhat Hanh
譯者｜胡因夢

余德慧｜東華大學族群關係與文化研究所教授
陳琴富｜中時晚報執行副總編輯　　　胡因夢｜身心靈療癒專家　　　專文推薦

你從未誕生過，也永遠不會滅絕

　　深觀之下，你根本看不見雲的生日和死期。真相只不過是雲化成了雨或雪。死亡這件事並不存在，因為事物永遠在延續著。雲承繼了大海、河川以及太陽的高溫，而雨又承繼了雲。

　　你快樂的程度，往往取決於你的心自由到什麼程度。這裡所謂的自由，並不是政治上的自由。而是指從懊悔、恐懼、焦慮和哀傷之中解脫出來，「我已經抵達終點，回到家了。家就在此時此地。」

　　你能不能認清過往的每一刻你都在重生？你的祖先藉由你而延續了下來。一旦轉化了他們傳給你的習氣，你就在過去中重生了。他們沒時間停下來，深呼吸，你卻可以停下來，深呼吸，為你的祖先享受一下生命提供給你的美好事物。

　　我們都曾經是樹、玫瑰或動物。深觀之下你會在你的體內看見樹、玫瑰、雲和麻雀，你無法將它們排除於體外。雨是雲的延續，河是雨的延續，你賴以維生的水則是河的延續。如果你把雲的延續排除於體外，你就無法活下去了。

　　請不要等到臨終時才去閱讀和修持。請在當下就開始深觀，這樣我們才能和不生不滅、無來無去、不同不異的本質相應。能如此深觀，便能止息心中的哀傷和痛苦。

—— 一行禪師

書系｜善知識系列
書號｜JB0011
定價｜250元

你可以不生氣
Anger: Wisdom for Cooling the Flames

作者｜一行禪師｜Thich Nhat Hanh
譯者｜游欣慈
暢銷韓國1,000,000冊　　美國單週銷售100,000冊
13個國家譯本　　Amazon網路書店2001年暢銷書

把憤怒當做自己的孩子

當憤怒生起時，表示我們的感情已受到傷害。我們必須清楚的是，憤怒就是我們自己。一行禪師提醒我們，把憤怒當做自己的孩子，好好地擁抱他、照顧他。受傷的孩子只要得到好的照料，很快就可以復原了。

—— 游祥州（世界佛教友誼會執行理事）

轉化爲正面能量

通常我們處理負面的情緒都是採取抗拒或是逃避的方式，對於生氣、恐懼、乃至於失戀或是病痛，莫不是如此。但是抗拒只會帶來更大的創傷和痛苦，而逃避也無法真正解決問題，終究還是必須面對。一行禪師採取的是一種「轉化」的藝術，把內心負面的能量轉化成正面的能量。然而「轉化」必須透過禪修的實証和體會，才有能力在面對境界時泰然處之。

—— 陳琴富（《中時晚報》執行副總編輯）

烽火傷痛中走出一段傳奇

六○年代的一行禪師，還是年輕的禪宗和尚，卻已在時局考驗下，必須在「清修／走入社會」中做抉擇……組織上萬名出家人及在家人，成立草根性質的「青年服務隊」，盡力協助被轟炸的村落、建立學校和醫護中心、安置無家可歸的家庭和組織農耕隊……

是何等心腸，才能容納如許傷痛和戰火離亂，而不生瞋恨？一行禪師竟在命若懸餘的災厄處境中，鍥而不捨地倡導不抵抗主義與和平共存……

—— 奚淞

書系｜善知識系列
書號｜JB0009
定價｜230元

與生命相約

Cultivating the Mind of Love
The Heart of Understanding
Our Appointment with Life

作者｜一行禪師｜Thich Nhat Hanh
譯者｜明潔、明堯

……回過頭來看看本書的〈初戀三摩地〉，也許領受的就自然不同，一個二十四歲的比丘與二十歲比丘尼的愛，就再也不一定是驚世駭俗、難以接受之事。它只不過像我們生命中許多的所愛所惡般，攀緣的是如此自然，如此不自覺地就來到。

但可貴的是人有觀照的能力，真正的行者所浮現與凡夫的不同就在於此。於是，這無明之愛由何而生？它是常或無常？有沒有可能完全禁閉？它的出現是純然？是考驗？還是墮落？就這樣覺性一起，戀愛竟就是道人最貼近、最屢痕斑斑的生命功課，過不過得了這一關，也就決定了……

           —— 宗門行者 林谷芳

他教導我們如何深觀事物的本質，透過諦觀，我們會發覺到一切事物沒有獨立存在的自性，包括人都一樣，沒有陽光、雨露、大地的溫潤滋養，沒有其他眾生的幫助，人不可能存活於世間，這就是他所強調「互即互入」、《華嚴經》中所謂圓融無礙的道理，也正是佛法中所謂的「空性」。

他不說佛法中一些深奧的理論，反而是透過個人的體悟，將佛法深入淺出的闡釋出來，在他的說明中，佛法是簡單而易行的，沒有高妙深奧難解處，一切只在生活日用中，只在當下的覺念中。

           —— 陳琴富（《中時晚報》執行副總編輯）

書系｜善知識系列
書號｜JB0006
定價｜240元

森林中的法語
一位證悟者的見道歷程
Being Dharma

作者｜阿姜查｜Ajahn Chah｜
英文編譯譯｜保羅・布里特｜Paul Breiter｜
譯者｜賴隆彥

法，是什麼嗎？

我們所追求的法──戒律與教導，是幫助我們了解的工具。教導是語言，法並不存在於語言中。語言是一條道路，爲人們指出方向，引導心去認識與了解法。

到哪裡尋求佛法？

無論前往一間寺廟，或再往其它寺廟尋找，或到森林行腳與參訪，它都一直在那裡。法，就在你自身之內──就在你的身上。

禪定時，有不尋常的經驗？

不要懷疑修行中發生的這些事情，無論是飛到天上，或是沈入地下，或是好像快死了，都別在意。只要直視你內心的狀態，並保持覺知，這就夠了，你會在那裡找到支撐。於一切行、住、坐、臥的姿勢中，都保持正念正知，不執著任何出現的經驗。

你眞的見法了嗎？

如果眞的皈依佛，我們就必須見佛、見法與見僧。否則就只是念誦皈依文而已，無法眞的了解佛。我們離他近嗎？或者離他很遠？什麼是法？什麼是僧？我們請求他們的救助與保護，但是我們接近過它們嗎？我們了解它們是什麼嗎？我們雖然身體與嘴巴請求，但是我們的心卻不在那裡。

拼命努力，就能證法嗎？

刻意追求放下，則永遠放不下，無論嘗試多久，都辦不到。但是，在那一刻，當阿難決定停下來休息時，他放棄追求成就，只是用已經建立起來的正念進行休息，心一放下，他就看見並覺悟了。他不需要做什麼特別的事，之前他一直希望有事發生，但是都沒有用。沒有機會休息，就沒有機會證悟。

書系｜善知識系列
書號｜JB0007
定價｜320元

幸福的修煉

The Transformed mind: reflections on truth, love and happiness

作者｜達賴喇嘛｜H. H. Dalai Lama
譯者｜雷奴卡‧塞加｜Renuka Singh
譯者｜項慧齡

什麼是快樂？什麼是幸福？

當你的心被憤怒和沮喪纏繞時，你可能忘了你的心也曾經被愉悅與溫柔所充……

幸福洋溢，從來就不是偶然與巧合；事情發生的當下，仍能微笑以對，是因為你的心日日浸淫在轉化中……

不管你有宗教信仰與否，你應該也會關心

一定程度的痛苦，有助於個人心靈成長？

如何將不治之症當做個人成長的踏腳石？我們的家人朋友如何能他們所承受的痛苦化為力量？

我們經常目睹好人受苦？惡人卻享盡各種利益？受人賞識？如何能夠相信每天良善積極的生活的利益呢？

一個人如何能夠在合法權利與道德價值之間取得平衡？

為什麼人類皆以宗教之名行征戰之實？

以慈悲對待那些持續傷害你的人是可行的或明智的？

在與人爭執後，如何克服己對他錯的感受，當他人惡意中傷你之後，如何忘卻心中的不悅？有減輕憤怒的簡單技巧嗎？

把心境從負面轉化為正面的初期階段，我們應該如何應付心中的懷疑和不安？

書系｜善知識系列
書號｜JB0005
定價｜230元

禪修地圖
Stages of Meditation

作者｜達賴喇嘛｜H. H. Dalai Lama
譯者｜項慧齡、廖本聖

修行者的挑戰

　　對於一個修行者而言，最大的挑戰之一在於面對煩惱，以及從煩惱中解脫。這個挑戰之所以艱難，源於一個簡單不過的真理：從無始以來，煩惱是造成我們所有痛苦的根源。當我們受人欺凌、受敵人迫害，我們大聲抗議。然而，無論外在的敵人多麼殘暴，僅僅是對我們帶來一生一世的影響。但在今生之後，他們卻沒有任何可以傷害我們的力量。然而，煩惱是我們內在的敵人，卻肯定能夠在我們未來的生生世世中釀成災難。因此，事實上煩惱才是我們最可怕的敵人。

　　修行者真正的考驗是：如果心中的煩惱減少了，修行便發揮了功效。無論我們的外表看起來多麼神聖超凡，煩惱的減少與否才是評定一個人是否為真正的修行者的主要標準。修持禪定的目的，即在於減少蒙蔽心性的煩惱，最後完全將煩惱連根拔除。藉由學習、修持廣大深奧的佛法，一個深刻了解無我的意義、長時間禪定於無我的修行者，最後終將了悟實相。

── 達賴喇嘛

書系｜善知識系列
書號｜JB0010
定價｜280元

善知識系列JB0015

阿姜查的禪修世界【第一部】戒

作者＝阿姜查（Ajahn Chah）
譯者＝賴隆彥
封面·內頁版型設計＝唐亞陽工作室

總編輯＝張嘉芳
編輯＝廖于瑄
業務＝顏宏紋
出版＝橡樹林文化
發行＝英屬蓋曼群島商家庭傳媒股份有限公司城邦分公司
台北市中山區民生東路二段141號5樓
客服服務專線：(02)25007718；(02)25001991
24小時傳真服務：(02)25001990；25001991
服務時間：週一至週五上午09:30~12:00；下午13:30~17:00
劃撥帳號：19863813；戶名：書虫股份有限公司
讀者服務信箱 service@readingclub.com.tw

香港發行所＝城邦（香港）出版集團有限公司
香港灣仔駱克道193號東超商業中心1樓
電話：(852)25086231　傳真：(852)25789337
E-mail：hkcite@biznetvigator.com
馬新發行所＝城邦（馬新）出版集團【Cité（M）Sdn. Bhd.】
41, Jalan Radin Anum, Bandar Baru Sri Petaling,
57000 Kuala Lumpur, Malaysia.
電話：(603)90563833　傳真：(603)90576622
E-mail：services@cite.my
印刷＝中原造像股份有限公司
初版一刷＝2004年7月
初版25刷＝2022年11月
ISBN 986-7884-26-4
定價＝220元

城邦讀書花園
www.cite.com.tw

阿姜查的禪修世界. 第一部, 戒 / 阿姜查著；
　賴隆彥譯, --初版, --臺北市；橡樹林文
化出版；城邦文化發行, 2004〔民93〕
　　面；　公分, --（善知識系列；15）
　譯自：Food for the Heart: the
collected teachings of Ajahn Chah
　ISBN　986-7884-26-4（平裝）

　1. 佛教-修持　2. 語錄

225.7　　　　　　　　　　　　　93012455